パプア・ニューギニア小紀行＊目　次

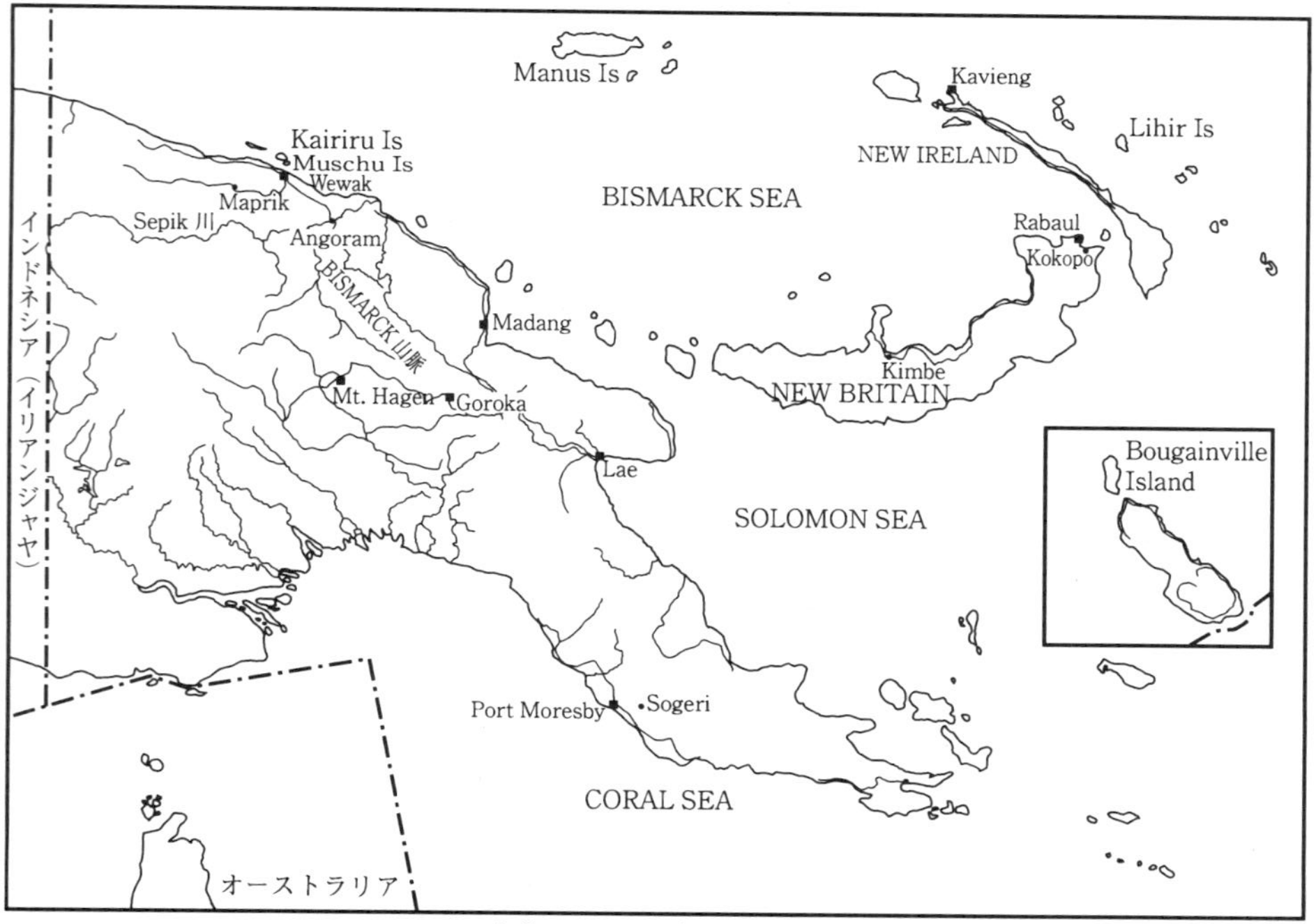

パプア・ニューギニア 全体図

シンガポールへ

JRの電車は搭乗便の定刻（午前十一時三十分）の五十分前に成田空港第二ターミナル駅に入線した（電車は、その定刻より四分遅れの到着）。

通常は、飛行機の折は定刻の二時間前には、いや遅くとも一時間前には着いていて、チェックインをしているが、今日は仕事明けで、一本早い電車《それ》に乗ることは出来なかった。しかしこれまでの経験から、スムーズに事が全て運べば一時間を切っていても搭乗には間に合うと踏んでいる。

今回は珍しく、途中（シンガポール）まで日航で行く。これまで幾回か飛行機を利用しているが、三十年近く振りのように思う。と言っても今回もこちらが指定した訳ではなく、そのパプア・ニューギニア航空が日航と提携していて、日本を発つに際してはそれを利用しなければならなかったに過ぎない。

そのチェックインは数分で済む。しかしそのカウンターを離れて囲い外に出ると長蛇の列。当初『何かの団体さんだ』と思い、その列には随《つ》かず、先方に行く。南ゲートの出国手続きへの手荷物検査・X線台にその先頭は向かっていたからだ。しかしそれと背中合うように、逆の方向からの列がやはり長蛇にある。もはや諦めて――どちらも〝自然な列〟だと覚って――、その〝長蛇〟の最後尾に随いて並ぶ。

定刻より四十分前だ。ギリギリ間に合うように思えて並ぶ。列は少しずつだが、前進している。十五分後、やっとX線台への数列に分かれた処に達する。その一つを選んで最後尾に付く。やはりそこからも二分かかって、そこを抜ける。次は出国手続きへの列がある。何とかここも三分で抜けて、ゲートへと向かう。定刻の二十分程前になっている。

E―70番はてっきりシャトルに乗った向こう側と思い、そちらに行くが、そこはCとDのみ。焦っている時はこんなものだ。

再びシャトルに乗って戻って来る。EはA、Bよりもう一つ下に降りた階にある。それはバスで機に向かうゲートなのだ。確かに過去にもこのゲートからバスで搭乗機に向かったことがある。気が勢《せ》いている時には正確な判断が出来なくなるという良い例だ。

十数分前にやっと、その正しい場所に着く。もうそれへのバスへの乗車が始まっている。ここも列が長く出来ているので、とりあえず我慢していたトイレに入って小用を先に足す。出て来ると、バスは新たなそれになっていて、しかしまだ列は残っている。順番に乗り込んで行く。

こちらの乗ったこのバスが同フライトへの最後のそれのようで、十一時三十分までゲートの扉前口で待っている。そしてその時刻にやって来た最後の客を乗せると、機へと走り出す。

左方向へ端まで行き、道なりに左カーブして一般道路を専用の橋で跨ぎ、貨物専用機の並ぶ駐機場に入って行く。

七分走ってこちらの乗るJAL719便の機下に達する。すぐに搭乗して、席に着く。38―A。

白人の若い女の子が居るが、席に坐ってはいない。BかCの席のようだが……。そしてバスからの客がすべて乗り込むと、彼女は空いていた前方の席へと移動して行く。

代わりに太った白人の男性が、通路側に坐る。B席は空席のままだ。本当はB、Cとも空席であれば良かったのだが。トイレに動くのに気を使わずに済むからだ。

十一時四十五分、動き出し、十二時三分離陸する。この便も全席禁煙なので、ひどく快適だ。

水平飛行に入って、おしぼりが配られ、少しすると飲み物を提供される。ビールを注文し、ついでにワインも頼むと、このスチュワーデスは露骨に嫌な顔をする。確かに二つも頼む客は多くないだろう。しかしこれは一つの試行なのだ。相手がどのような表情をするか試しているのだ。発展途上国の航空会社では、そのようなサービス自体ない処もあるが、食事の前に飲み物をサービスする会社の場合、どんな応対をするかを見たいのだ。私の場合、アジアとアメリカの航空会社がほとんどだが、その中ではやはり誰もが認めるシンガポール航空がそのサービス・好感度において、スチュワーデス、スチュワードとも一番のような気がする。

久しぶりに乗った日航も大したものではないという印象を受けてのフライトとなる。食事もむしろ台湾への——一週間程前、そこへの旅行をしていた——方が良かったように思う。台湾《そこ》への折の日本アジア航空は日航の子会社だから、そのサービスも基本的には違わぬ筈だが。どのような基準でそのメニューは決められているのか。

食事後はガイドブックを読んで過ごすが、少しすると眠くなり、眠る。こんな何もしない時間も旅行の確かな一コマだ。

夕方五時三十分、「手作り」クッキーが配られ、コーヒーが出される。そのスチュワーデスを快く思っていないので、敢えて「ビール」を注文する。相手はロクに返事もしない。

そしてそれを案の定なかなか持って来ない。二列前の外国人に対してはひどく笑顔を作って対応している。彼女等は英語を話す時、ウキウキするのかも知れない。確かにそのような人種がなる職業なのだろう。

二度目に通りかかった時、改めて「ビール」を持って来るように伝える。それが飲みたい訳ではない。彼女に余計な仕事をさせたいだけだ。機中では客の注文に応ずるのは——それはたかが飲み物のことなのだから——当然だと思っているから。

二度目《それ》を言ってやっと持って来る。〝感じの悪い客〟と映ったことだろう。しかしこちらの言い分も少しは考えるべきだろう。白人に対する時と同じような対応をしてみろ、という……。

パプア・ニューギニア

シンガポール↓パプア・ニューギニア（ポートモレスビー）

シンガポールは雨だった。

着陸は夕方六時二十二分、当地時刻五時二十二分（以下当地時刻）。降機するとトランスファー・カウンターへ行き、パプアへのチェックインをする。

それも待つことなく簡単に済む。シンガポールは日本と同じ位、このような手続きはスムーズに済む。

出発まで免税店を見て過ごす。それでも時間は余り過ぎて、搭乗ゲートD―46辺に六時四十一分には行っている。一つ前のフライトのシドニー行きの客が居る。

やがて彼等も七時十五分にはすべて居なくなる（七時二十五分発）。私一人がそのゲート近くに居る。一人の旅行というのは、一人の時間が沢山ある。何を考えるでもなく、ベンチに坐って、時の来るのを待つ。

八時三十分も過ぎると一人二人と、パプアへの客が増えて来る。

九時には搭乗ゲートのロビー内に入れる。こちらも同十分にリュックをX線に通して、そちら側へと入る。

それから三十分、同四十二分に搭乗する。

チェックインが早かったこともあって、エコノミークラス・シートの前から二列目。二人掛けで隣には結局、客は来ない。このフライトはゆったりできる。

十時四分、動き出して、同二十四分、離陸する。その飛び発つ前にオレンジジュース、そしてアイマスク、携帯用のハミガキセット、機内用の靴下の入った袋が配られる。それからイヤホーンもまた。

機内放送は英語のみとなる。日本→シンガポール間は日本語、中国語でも案内されていた。

十時四十分、食事が配られる。日本時間では十一時四十分だ。あまり食欲はないが、無理してパンに肉、そしてサラダ、漬け物の乗ったそれをすべて食べる。パパイヤ、パイナップル（一切れずつ）、ふどう（三粒）の果物もまた。

胃は眠りに就いているのだから、三十分かかる。終えるとプレートを隣席に置いて眠りに就く。眠くなっている。

翌朝四時、機内に灯りが点され、「朝食」というアナウンスがある。

同二十分、食事（オムレツ）を選択し、食するが、今回ばかりはあまり食べられない。四分の一程。まだ身体は真夜中の感覚。二十分で食べ終え、再び目を閉じる。胃が異様だ。

五時三十分、ポートモレスビー空港に着陸する――当地時刻六時三十分、以下当地時刻。

降機は六時四十二分。誘導通路を通って、左に出て、イミグレーションへ。今日最初の到着便のようで係員はまだ二人しか居ない。

そして少しして、やっと「ビザ無し」者対象のカウンターも開かれる――それまで、どの列に並べばいいのか判らず、落ち着けない。

パスポートをチェックしていた女の係官は、

「ビザ無しですね?」

「はい」

「帰りの切符は?」

その問い掛けを予測していたので、すぐにそれを出して渡す。係官は、

「二十五キナ(以下、K)」

「ありません」

てっきり、「両替してくるように」と言われるものとばかり――情報ではそうなっていたから――思っていたら、

「何の通貨を持っている?」

「日本円とアメリカドルです」

「じゃ、アメリカドルで十五ドル」

　こちらはこのような処はなるべく早く通過したく、十五ドルを出して渡す。現金は二十ドルしか持って来なかったが、それが役に立って良かったと思う。十五ドルは本当は両替率から言うと二十五K以上する筈だが。

　それを渡すとパスポートにビザの紙を貼ってくれ、それで手続き完了。そこを通過する。次にカスタムへ。そこは背負うリュックを見せただけで通過する。そして到着ロビーへのドアを押す。すぐに両替をしに、銀行の窓口へ行く。この国一国の旅行なので、それに金をすぐに使うことは判っているので、二百ドルを――普通は入国時にはこんなには換えない――換える。

　手数料、及び税を引かれて、四百六十六・九三Kしか来ない。一ドルが二・三K程で、一Kは五十二～三円である。

　まだ七時を少し過ぎたばかり。トイレに入って洗面等をする。ついでにトイレもする。いくらか腹の方はスッキリする。

　七時四十分、空港を出る。ガイドブックにある市内バスの停留所は目の前の駐車場を越した処にあるが、そこに居る男に訊くと、

「あまりここにはやって来ないよ」

　彼は続けて、

「あっちに行けば、沢山バスは走っている」

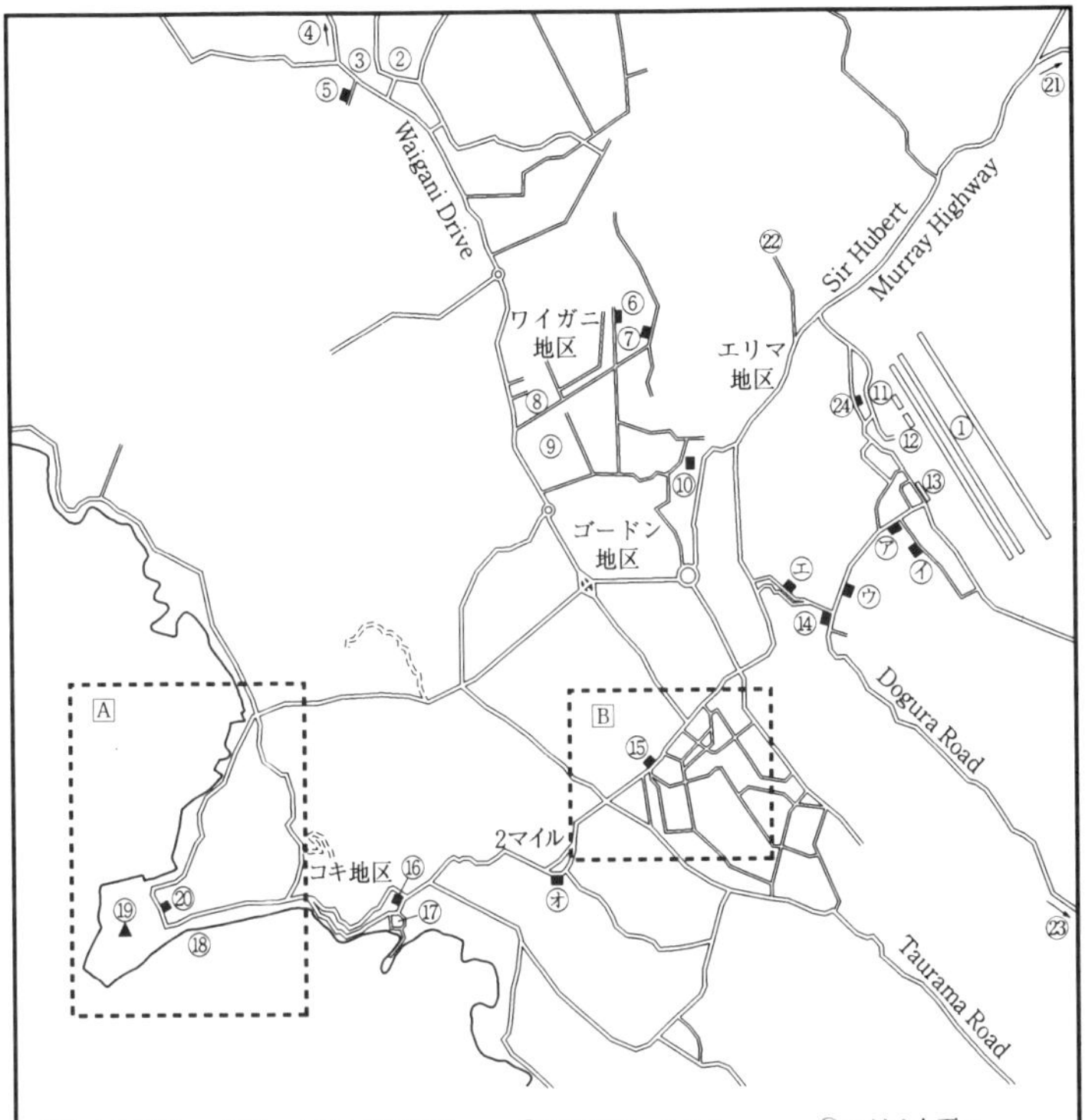

A タウン地区
B ボロコ地区（4マイル）

①ジャクソン国際空港
②パプア・ニューギニア大学
③植物園
④ Gerehu へ
⑤国立美術学校
⑥国立博物館
⑦国会議事堂
⑧国立サッカー場
⑨ National Sports Stadium
⑩ゴードン・マーケット
⑪国際線ターミナル
⑫国内線ターミナル
⑬旧ターミナル
⑭ 6マイル・マーケット
⑮ PMV バススタンド，ボロコ
⑯サルベーションアーミー
⑰ PMV バススタンド，コキ
⑱ Ela Beach
⑲パガヒル（99m）
⑳ PMV バススタンド，タウン
㉑ソゲリ方面へ
㉒モイタカ野生生物園
㉓ Loloata 島方面へ
㉔空港，バススタンド

㋐ Gateway Hotel
㋑ Airways Motel
㋒ Granville Motel
㋓ Budget Inn
㋔ YWCA

ポートモレスビー　全体図

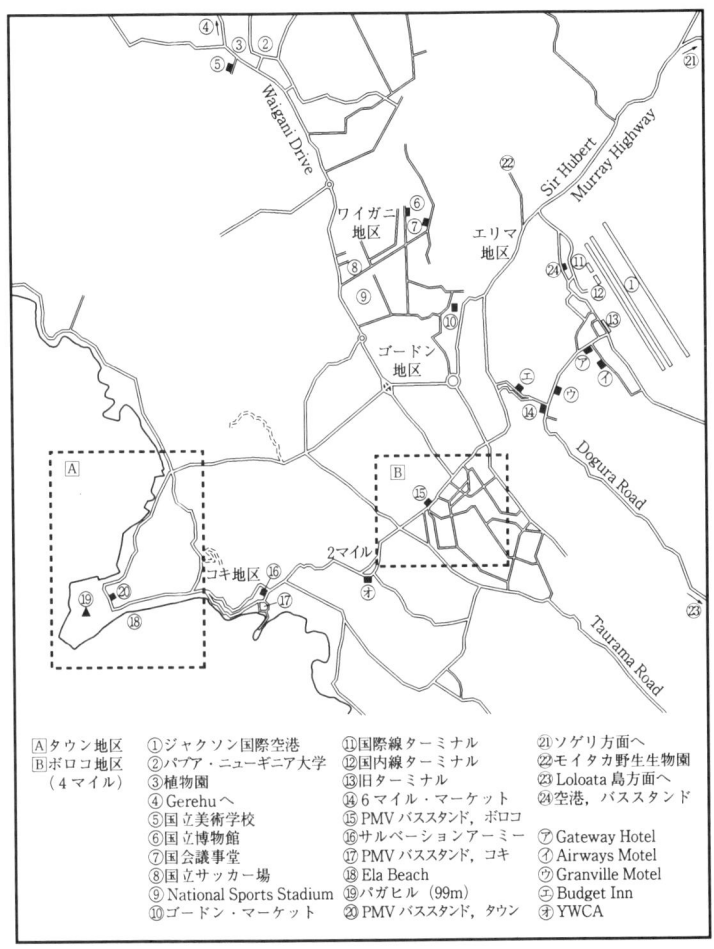

その指差された方向から、人々が連なってこちらへと歩いて来る。空港建物から見て真正面方向である。こちらはそんな彼等と擦れ違うように逆行して行く。

町中へ

十五分後、路上マーケットのような、人々が多く居る処に達する。ここにはマイクロバス――PMV（Public Motor Vehicles Service）＝公共バス。これがこの国の庶民の足――が数台止まっていて、そこの男に、

「BOROKO《ボロコ》？」

と、訊くと、

「OK」

十七番だから少々不安だが――ガイドブックには十番とある――、車掌に訊くと、

「OK」

バスは満席となって八時五分に、発つ。この街のこのローカルバスは車自体はボロボロだが、人の乗降はひどくゆったりしている。これは良いことだと思う。完全に停車した後《あと》、暢び暢び降りて行く。折畳み椅子席の者は降りる者が居る限り一旦下車して、彼等を通して再び乗り込んで来る。これはこれまでの発展途上国ではほとんど見られなかった光景。良いことだと思う。

ボロコのバススタンドには十二分後の八時十七分に着く。このバススタンドは三車線あって、それぞれ四～五台止まれるので、多い時には七～八台が客の乗降の為に止まっている。屋根もあって、後《のち》にいくつかの地区のメインのバススタンドを知ることになるが、それらと比べても大きく、バススタンドらしい造りとなっている。

日曜ということもあってか、あまり人は居ない。スタンドの石段に坐る男に目指す宿の名を言うが、全く要領を得ない。確かに彼等に関係ない宿泊施設の所在など知らなくて当然だろう。

ガイドブックにある地図を片手に歩き出す。スーパーマーケット（"STOP SHOP"）があって、郵便局がある。方向は間違っていない。ということはもうあと少しである筈だが。

道路に面して、看板らしい看板は一つもない。その近辺《そこ》をウロウロ何回も歩き回る。しかし見つからない。

消防署があったので、そこに居る男に訊くと、

「あっちにある」

その方向を指差す。やはりそちらにあるようだ。

しかし見当らない。

一時間経っても見つけられない。リュックを背負う背中が汗でビッショリになっている。

再びスーパーマーケット横に戻って来る。その横壁に電話があるので掛けて確認しようと思い受話器を取るが、コインを入れても返却口に落ちて来て、用を足さない。

そんなところへ、隣のそれに男が来る。ものは試しと彼に宿の名を言ってみる。すると、

「それならすぐそこだ」

と。そして、

「見ろ、あの家だ」

しかしこちらには判然としない。その辺りはすでに何度も歩いていて、そのようなものは確認できずにいたから。

それでもとにかく、指差された方に行き、左折する。左へと指差していたから。

左折して歩いてみても、やはり該当するような建物はない。その辺りをウロウロしていると、先程の男がやって来て、

「こっちだ」

彼は私の行く方《え》を見ていたようで、間違った方向に曲がったのを知って来てくれたようだ。

道を戻って、左に曲がった交差点の先方左角

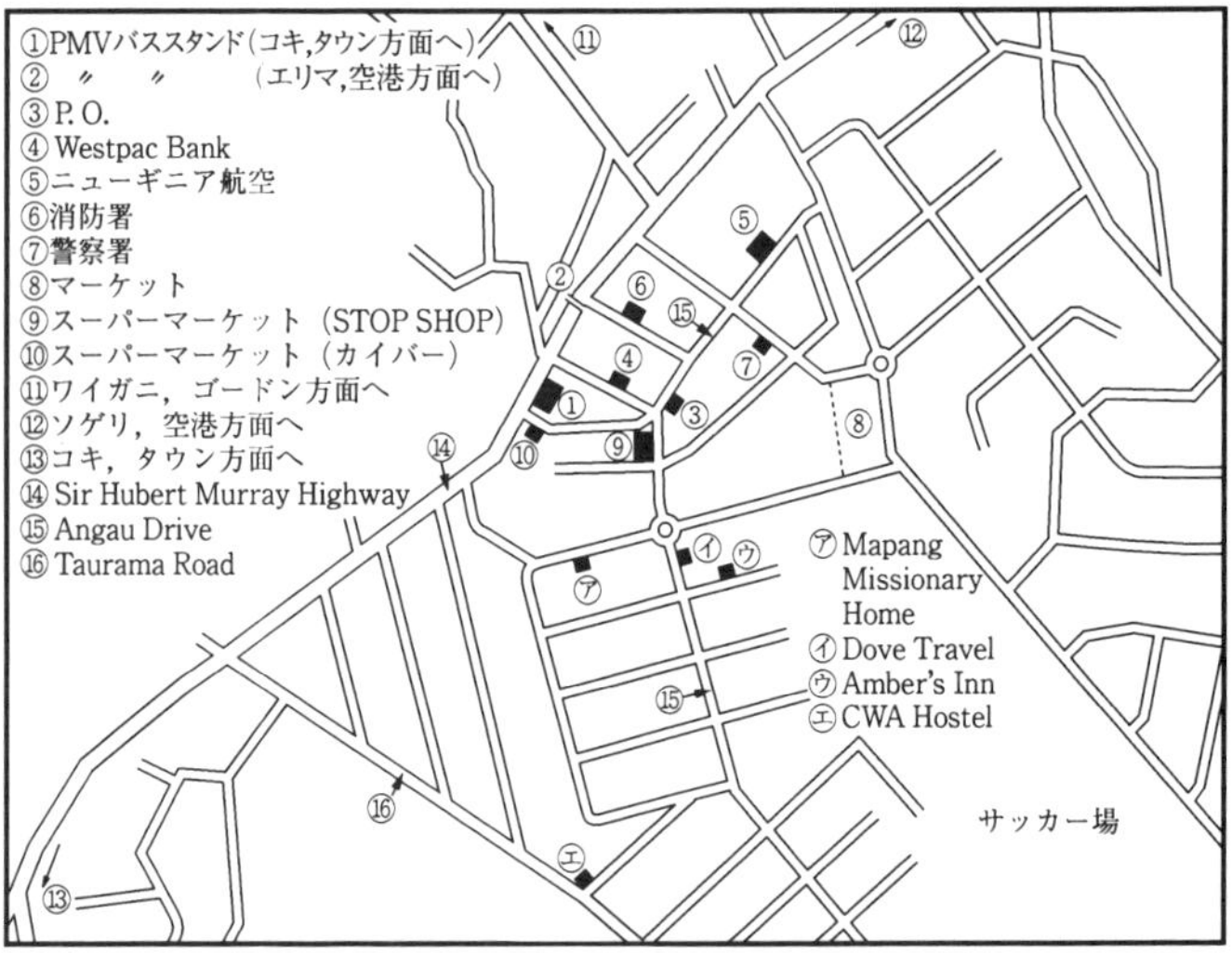

ポートモレスビー,ボロコ地区

にある建物を指差す。通りからはほとんど判らぬ処に、その〝DOVE TRAVEL《ドブ・トラベル》〟とのサインはあった——つまり電話の処からは、道を左折してはいけなかったのだ。

しかし日曜日ということでオフィスは開いていない。一階の敷地内を——二階建てが狭い内庭を囲むようにコの字型に建っている。一見、言われてみれば部屋の沢山ある建物だが、とても客を取る施設には見えない。無理に言えば〝寮〟みたいな感じだ——建物の廊下に沿って歩いて行くと、一つの部屋に人が居るのを知る。ガラス戸越しにその相手に声を掛け、

「泊まりたいのですが」

そう言うと、何やら返事がある。部屋のテーブルで食事しているようだ。

十分程待つと、ドアを開けて一人の現地人が現われる。部屋の鍵を渡そうとする。意味が良く解らないので、それは受け取らない。

彼の話をよく聞くと、彼もまたこの部屋に泊まっているゲストと言う。そしてこの宿を運営している人は、「今、買い物に行っていて、留守だ」と。

その部屋にはもう一人の男が居て、二人で部屋を借りていて、そして「今日宿換えをする」と言う。鍵を渡そうとしたのは、

「君の荷物を部屋内に置いて、俺たちは別のホテルに行くから、宿の主人が帰って来たら、この鍵を返すがてら部屋の有無を訊いてみたら」

と言うことだった。親切なのかどうか分からないが、やはりそれを受けないで良かった。

ポートモレスビー

宿探し

十時前に主人の白人が戻って来る。そして部屋の有無を問うと、やはり、

「今日は満室で泊められない」

満室になるとは考えられないが、ただ泊めたくないということは解り、諦めて、荷物をまとめて出て来た二人と共にそこをあとにする。

二人は前の道を左に行き、最初の四つ角を左折して少し行ってある“Amber's Inn”《アンバーズ・イン》に入る。この宿も先程探し回っていた処だ。こんな処にあったとは。よく見るとここには、その看板はある。

鉄扉の開閉係の少年にそれを開けてもらって、レセプションに行く。

そこには人は誰も居ないが料金表があり、シングルもツインも「九十五K」と知る。それはとても払える額ではなく、二人と別れてそこをあとにする。

このボロコ地区にはあと一軒、ガイドブックに載る安宿がある。それを探して歩く。もうかな

り歩いているのでガイドブックの地図と、この町にある各建物の位置関係の様子は大体摑め始めている。

アンバーズ・インを出て Angau Drive に戻り、そこを左折する。そして少し歩いて、左にカーブしたその次の交差点を右に曲がる。Taurama 通りに突き当たって、右折する。少し行った右側にその“Country Women's Association”＝CWA＝はある。

内庭を囲う鉄扉口に門番が居る。彼に問うと、予約リストを書いた紙を持って来て、見せる。やはりすでに満員のようだ。

このボロコ地区での宿探しを諦める。二十Kとか三十Kを希望しているが、そんな処はないようだ。

バススタンドに戻り、十番のバスに乗り、十五分後 KOKI《コキ》 マーケットで降りる。目指すは「サルベーションアーミー」。懐かしいその響き。ジンバブエを、そして南アフリカを旅行している時、その施設に度々泊まっている。

日曜日の十一時少し前。教堂ではミサが行なわれている。ホステルの受付のある建物に行って待つ。そこには子供が七～八人居て、珍しそうにこちらを見つめる。大人は誰も居ない。とにかくそこで待つ。

受付のオープン時刻がボードに書いてある。月曜から金曜が、朝から夕方で、土曜日は“close”。日曜日はその文字さえない。当然、閉じられているのだろう。しかしもはやどこにも行く気も起こらず、とにかく誰か話の通じる者が来るのを待つ。

十五分程すると、サルベーションアーミーの制服を着た現地人の男がやって来る。彼に来意を告げる。すると、

「残念だが、もうここでは一般の客を泊めてはいない。かつての施設には今はこの国の女の子たちが入って生活している」

もう数年前からそうのようだ。しかし彼は親切にも、

「ボロコに教会の付属のホームがある」

私はボロコで訪れた「ドブ・トラベル」やCWAのことを言うと、

「それとは違う場所だ。Mapang《マバング》 Home《ホーム》という」

私は半信半疑だが、

「この祈りが終わったら、私もボロコに帰るので、そこへ送って行ってあげる」

こちらは彼に頼る以外ないと思う。アテのない宿探しをするより、それの方が確実だ。

十一時半頃にはその教堂より人々が出て来る。白人が三〜四人で、あとはすべて現地人だ。宗教による仲間は、ことこのサルベーションアーミーの人たちは、ホッとして見ていられる。

二台のマイクロバスに、それぞれ座席分の人々を乗せ、また白人は個人的な四輪駆動車＝4WDを運転して、それぞれ敷地から出て行く。

私を誘ったのは、キャプテン RIDIA《ラディア》 SISO《シソ》という人で、彼は二トンの平ボデーのトラックで来

ていた。私と彼の子供であろう十二～三歳の子供がその荷台に乗り、助手席には二人の婦人が坐った。十一時四十九分、敷地を離れる。

十分もかからぬ同五十七分、ボロコのそのホームの、道を挟んだ斜め前に止まる。ラディアは「あそこだ」と指差す。しかし私は、

「一緒に来て欲しい」

と頼む。一人で行って、胡散臭い顔で見つめられるより――その可能性は高かったから――、制服を着た彼を伴っていた方が確実に良いのだ。宿泊伺いを伝えることも、自分の口で言うより、彼から言ってもらった方が、泊まれる確率は高い。

この家の前の道路も、宿探ししている時に二回通っている。しかしまさかここが、そのような施設だとは全く思わない。鉄扉の先に内庭があり、そして住まいの建物があるというのは、この町のどこにもある様式だ。だから母屋の壁に小さく“enquire《案内》→”とのボードがあっても、注意して見なければ、認識することはできない。

日曜の為か、鉄扉は錠が掛かって閉じられている。このことだけでもラディアと一緒で真実良かったのだ。

彼はその鉄扉を遠慮がちに車のキーで叩く。すると車《くるま》用の方の広い鉄扉が自動的に開く。家屋の方から見ていて、遠隔操作をしたようだ。

入口も初めての者には分かりづらい。ラディアの後《あと》に従って入って行く。そして受付で白人の

女の人と対する。私が語る前に彼が説明してくれる。

「泊まれる」

彼は言う。それを聞いてホッとする――しかし私が単独で来たら許可されたかどうか……?。

そんな雰囲気が、その白人婦人にはあった。

「この人とどこで会ったのか?」

婦人はラディアに問う。彼はコキのサルベーションアーミーに来たことを告げる。

「もうあそこには、泊める施設は無くなってしまったから」

彼女は納得したようだ。

「何日泊まりますか?」

私は少し考えて、

「二泊」

と答える。明日一日ゆっくりしてから、この町を出ようと思う。それに一泊、四十五Kは予想より高い。ほぼ二十ドルであるから――ラディアは「二十K位だろう」と言っていた。それは、もしこの団体のメンバーであれば、そうだったようだが。

部屋に導かれる。ラディアも見に来る。ツインの部屋だ。たぶん二人でも四十五Kなのだろう。シングルは無いようだ。とにかくここに泊まれることができてホッとする。

ラディアにお礼を言って、彼を見送る。

二日分、九十Kを支払っている。

シャワーを浴び、汗で汚れたシャツを洗濯して、小休止する。

市内見物

午後一時四十五分、動き出す。少し見物したいと思う。バスでタウン地区に向かう。

そのマイクロバスは何台も頻繁にやって来る。一分も待たずに、各地区行きのそれが来る。

四番のそれで終点まで行く。St Mary's《セント・マリーズ》大聖堂前がそこだ。その Musgrave《マスグレイブ》通りを先方に進み、突き当たりの Champion Parade 通りを左折する。そして道なりに進み、突き当たりを左に回り込み、パプア・ニューギニア銀行前から道を右にとって Armit《アーミット》通りを先方へ登って行く。PAGA HILL《パガ丘》の展望処へ向かう。

道なりに舗装された車道を行くと、プライベートハウスの行き止まりになってしまう。引き返して途中から左に崖を登って行く。踏み固められたルートがある。

上へ上へと目指して、五分程で頂上に達する。

径五メートル程の砲台の台座跡が忘れられたように残っている。その先方には何かを造ろうとしているのか、平坦に整地されているスペースがある。建物は何もなく、風が真面《まとも》に吹きつける。

少し休んで港方向への下り道を下って行く。こちらはかなり急だが、すべて舗装されている。

ポートモレスビー，パガヒルより珊瑚海を

同上，同ヒルより埠頭方面を

車で来てもローギアでないと登れないだろうと思える程の急傾斜だ。しかし家々は展望処近くまで作られている。道なりに右に回り込むようにして進むと、登りの道と合流する。あとは下って行けばいい。

　大聖堂前に出て、ELA BEACH《エラビーチ》に行く。そのところにある売店でコーラを飲む。この国、最初の買い物。胃に入れるのも初めてだ。ついでに"Take out"出来る現地人食をそこで買い込む。発泡スチロールの器にライスを入れ、その上に肉汁と野菜を掛けたもの。二・五〇Kは納得できる額だ。

　ビーチを歩いて行く。人々が大勢憩っている。あるいは砂浜でラグビーをしている。サッカーやバレーボールでないのが、この国らしいところだ。東洋種はやはり珍しく、歩くこちらを注視する者が多い。アフリカのよう

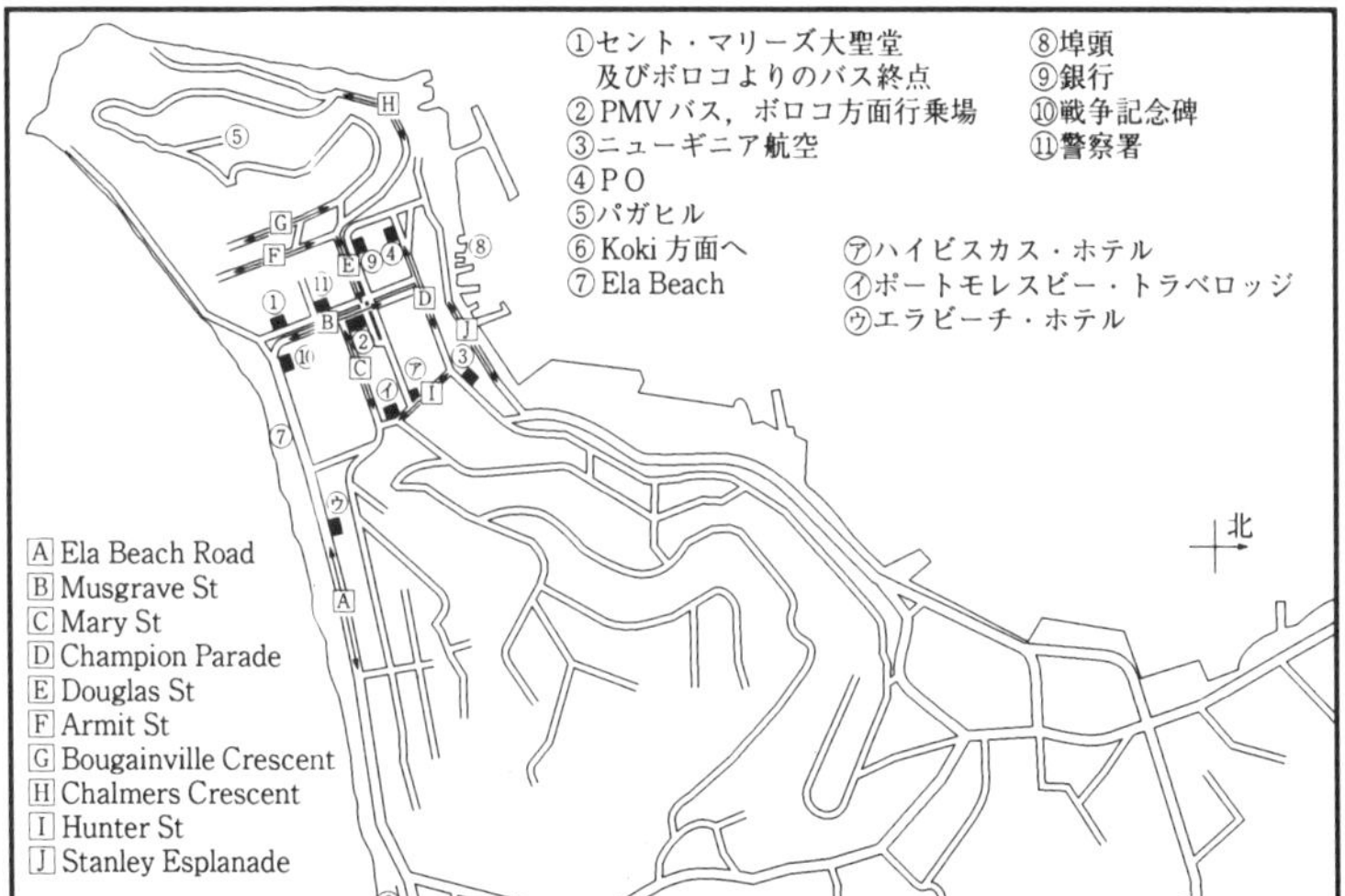

ポートモレスビー，タウン地区

に暢びり出来ないが、かと言って、あのジャマイカより気を張らずとも済む。但しやはり、行動には注意している。あとを尾けてくる者が居ないか、それなりに気を配っている。

ビーチより、途中で車道を越えてバス停へ行く。時刻は三時二十分。

日曜日で町中のオフィスは閉じている。空港へ行って帰国便の予約の再確認をしようと思う。また明後日にポートモレスビーを発つので、今からその航空券の予約入手をしようと思う。この町では宿代が高くて、三泊はできない。この国を巡る算段をしなければならない。

四番のバスは空港から来る時に乗ったバスの発着点Erima《エリマ》に行くとなっている。

三時二十二分、それに乗り込む。

バスに乗っている間は何もしなくて良い。ちょうど眠気が出る時刻だ。機中泊だったこともあり、いくらかウトウトする。

二十分後の同四十二分、エリマのマーケット前に着く。終点、しかし空港から歩いて来て乗り込んだ処とは違う。

大勢居る男たちのうちの一人に、

「エア・ポート?」

と話し掛ける。空港へ行くバスを尋ねたのだ。東洋種に話し掛けられて、男は怪訝な顔をする。しかしこの男では要領を得ない。数人に訊いて、やっとこちらの意を理解する者が居る。

「十五番のバス」

と言う。そしてやって来たそれに乗り込む。入口際の座席に坐る。車掌に料金の五十t《トイヤ》（百t＝一K、この町のバス料金は一律五十t）を渡しながら、

「エア・ポート？」

と問う。相手は、はっきりとは返事しない。意味が通じていないようだ。しかし、十五番なので乗り込む。

そのマーケットを出て少し走って右に曲がると、さらにまだマーケット様態が路上のあちこちに続いていて、そして交差点を左に曲がってサークルを右に折れて行く。この時、空港から歩いて来た道を左手に発見する。

「止まって！　降りる！」

だが、隣席の老人が、

「大丈夫、こう回って空港へ行く」

指で円を描きながら言う。その言葉を信じて乗り続ける。

三時四十八分エリマを発ったバスは十八分後の四時六分に、旧空港近くの終点に着く。

歩いて旧空港前を通り、新空港建物へ向かう。

十分後、国際線ロビーに入る。

窓口で予約の再確認をしようとするが、そこの係員は席を外している。いつ来るか分からぬのを待つのも苦痛なので、先に国内線の方へ、明後日の便を予約しに行く。

その窓口には数人並んでいる。しかしこのような国の特徴で、遅々としてその処理は進まない。一人に対して五分も十分もかかっている。

やっとこちらの番が来て、

「明後日、WEWAK《ウエワク》まで」

と言うと、相手の女の人はコンピュータのキーを弾いて、

「明後日は満席です」

「ではMADAN《マダン》は？」

「もう今日の仕事は終わりだから」

と、もう真面には取り合ってくれない。実際はまだ十分も前なのに、やる気がないというのか。マダンのフライトは調べもせずに、

「それも満杯」

諦めて国際線ロビーの方に戻る。

そこには良い具合に係員は来ていた。まず帰国便の予約の再確認をする。しかし、

「まだだいぶ先だから。一週間前になったら」

こちらはそれは得心して、試みに、

「国内線の切符はここでも買えますか？」

彼は、

ポートモレスビー空港，国内線の小型機

同空港前のPMVバス・バススタンド（後方に空港）

「できますよ」

この男は比較的こちらに親切に接してくれる。ウエワク、を再度調べてもらう。するとやはり、

"Full"だった。ならば、

「マダンは?」

と問うと、コンピュータを弾いて、

「大丈夫、取れる」

こちらはそれを頼む。

「マダンからウエワクに行くのですか?」

「はい」

「ではウエワクへはいつ行きますか?」

やはり少し考えて、

「二、三日してから……」

「では今はマダンまでの切符でいいですね?」

こんな丁寧な男の係員も珍しいと思う。

明後日の午後三時十分発のマダン行きの航空券を購入する。これでその日このポートモレスビーを離れられる。いくらかホッとする。

午後五時八分、空港をあとにする。朝と同じように歩いてエリマのバススタンドに向かう。

七分後に着く。見慣れた光景の時、歩みも早くなる。
五時二十七分、十七番のバスは発つ。
十三分後、ボロコのバススタンドに着く。宿に直行する。長い一日が終わる。

いつもの光景

夜、再びシャワーを浴びて、やっとホッとする。そして冷め始めているエラビーチから持って来た弁当を食べ出す。この宿の夕食は七Kという。他の物価に比べれば取り立てて高くはないが、二・五〇Kで弁当が食べられれば、やはりそれは必要ない。

部屋で暢びりと、弁当《それ》を食べる。なつかしい骨付き肉がいくつもある。その肉片を骨から外して食べて至福を味わう。食べている時が一番幸せだ。機中から持って来たワインも飲み、宿の自動販売機でコーラを買って、自分としては充分な夕食を摂る。パプア・ニューギニア初日が終わってゆく。

ベッドに入ってどの位経っただろう。急に腹の具合がおかしくなる。眠りから覚める。

どうやら下痢のようだ。このような感覚をどの位経験していないだろう。一年や二年ではきかないと思う。このような腹の異常を感じるのは、はるか昔以来だ。日本で生活している時にはむしろ便秘症状を呈している。

下痢も辛い。ベッドに入って、なるべく我慢している。二回位その山は越せたが、ついにトイレに立たざるを得なくなる。時計を見ると三時五十五分。

夢心地の中、部屋を出てトイレに入る。すぐにそれは放出される。文字通り、下痢便がその途中から排出される。しかしこれは我慢するしかないこと。自然に胃中の腸中の、下痢を生起させているものが出切るまで、待つ以外にない。

どうにか腹の収まったところで部屋に戻る。ベッドに入って考えてみるが、すぐには思い浮かばない。生物《なま》は口にしていない。ビン入りコーラや缶入りコーラはまさかその原因ではないだろう。というと残るのはエラビーチの売店で購入した弁当のみとなる。あの炊いたごはんと煮込んだ肉野菜が原因ということに。一種の食中毒だから、そのどれかにそれを引き起こす菌が入っていたのだろう。しかし同じ物を現地人は大勢食べている訳だから、もし彼等が同じように下痢症状を呈していないのなら、やはりこちらの胃がまだ当地に馴染んでいないということだろう。

六時五十五分の起床時まで、改めてトイレに行くことはなかった。朝食が七時三十分ということで、それに合わせるとこの時刻には起きなければならない。トイレで再び下痢便を落とす。

七時三十分ちょうどに、現地人料理係《サーバント》によるそれを知らせる鐘が打たれる。

食堂へ行くと、まだゲスト一人しか居ない。彼もまたパプア人だが、笑顔で挨拶を交わす。

先程のサーバントが私たちに食事の世話をしてくれる。イギリス風の朝食。コーンフレークと、同系のシリアルが二種。そしてジュースと牛乳があり、席に着いたあとに彼によってトーストが出される。またコーヒーか紅茶が供され、果物としてバナナが二本ずつ与えられていた。

現地人のゲストは、

「MOUNT HAGEN《マウントハーゲン》から休暇を利用してやって来た」

この国の人でも余裕ある層は当然旅行するのだ。

三十分程で食事を終える。

部屋に戻って少しすると、腹の調子がやはり異様だ。トイレに入る。昨夜からの雨と相俟って、ひどく気が重い。雨は一向に歇む気配をみせない。まるで雨季のように降り続く。七月八月は比較的雨の少ない月とガイドブックにはあるが、自然の事象《こと》は誰にも操作することはできない。九時五十二分、動き出す。トイレには朝食後三回入っている。外出中に具合が悪くなるのは避けなければならない。

雨はまだ降り続いている。傘を出して、さして歩き出す。ニューギニア航空へ向かう。昨夜この国の回り方の予定を企てた。それを書いた紙片を持って。口で言うより、それを書いた紙を見せる方が確実だ。

途中にある郵便局に雨宿りがてら入る。広い局内に人影はまばら。入った左脇に絵ハガキや封筒を売る小さな売店がある。いずれ切手も旅行の終わりに記念として購入しようと思う。

七分で出て、左方向にある Westpac《ウエストパック》 銀行へ行く。両替はしなければならない。その率のチェックの為だ。このような国の常で、その扉口にはポリスかガードマンが居て、入る者をチェックしている。

行内には客が一人二人居て、両替の窓口にも居る。率だけなので、客と対していない窓口の女の行員に訊く。

「どこのお金ですか？」

「アメリカドルです」

彼女はレート表を確認する。そして、

「四十・八〇《フォーティ・ポイント・エイトゼロ》です」

一Kを得るのに四十・八〇セント要るということである。昨日の空港での両替より率は良い（四十一・九〇だった）。

一旦そこを出て、ニューギニア航空オフィスへ向かう。歩いて五分程のショッピングビル二階にある。

国内線カウンターへは長蛇の列だ。これはこれから先、いつもの光景となる。

二十数人が並んでいる。しかし中国人やインド人と違って、途中から割り込もうとする者は誰も居ない。これはひどく安心していられる。秩序正しく並んでいる。待つこと自体は厄介だが、そのような者が居ないということはイライラを助長させない。

一時間待ってやっとこちらの番となる。カウンター内の女の人に昨夜書いた紙片を渡す。ポートモレスビーを発って、マダン→ウエワク→MANUS《マヌス》島→KAVIENG《ケビエン》→RABAUL《ラバウル》→マダン→LAE《レイ》

↓ポートモレスビーという周回ルートだ。

彼女はそれをコンピュータに打ち込んで、席の有無を確認してくれる。もしかしたらこのような切符を面倒臭がって、露骨に嫌な顔をされるかも知れないと、少々危惧していたが、良い具合に彼女は好意的にチェックしてくれる。

「マダン↓ウエワクはOKですが、十九日発のウエワク↓マヌス島へのフライトは満席です。その前後にはフライトそのものがなくて、あるのは二十四日発だけです」

旅行ルートの確定、航空券購入

予定の変更をしなければならない。幸い彼女はこちらの思料・決定を待っていてくれる。ウエワクからのルートを本島内に変える。マダンに戻るのはおもしろくないので、マウントハーゲン行きにする。そのことを伝える。彼女はそれをコンピュータでチェックしてくれる。

「ウエワク十九日発、マウントハーゲン行きはOKです。あります」

「それをお願いします」

しかしそこからのルートを、再度考えなければならない。もはやルートの選択余地はあまりない。ラバウルに行くのであればマダンかレイを経由して行くことになる。但し、マダン↓レイ間は陸路移動したいので、やはりルートは必然的に決まってしまう。窓口での短い時間で決断する

のだから、最善のルートかは定かには判らなかったが、

「マウントハーゲンから再びマダンに飛びます。二十一日です」

「チェックしてみましょう」

「……」

「残念ながら、二十一日は一杯です。しかしエア・ニューギニアと違う会社のフライトを見てみましょう」

再びそれを確認してくれる。

「OK、大丈夫です。予約しますか?」

「お願いします」

マダンには、二十一日に戻って来ることになる。この日はマダン泊で、翌日レイに向かってバスに乗る。二十二日、二十三日はレイ泊にして、

「次はレイからラバウルまで、二十四日発でお願いします」

「マダンからレイまではどうするのですか?」

「バスで行きます」

「ああ、PMVで行くのですね?」

「はい」

「レイ二十四日発、ラバウル行きですね?」

「はい」

「やはり、エア・ニューギニアはないですが、別の会社のを見てみましょう」

「……」

「大丈夫です。取れます。こちらでいいですか？」

「運賃は同じですか？」

「はい」

「では、お願いします」

　ラバウルからはケビエンに行こうと思う。ダイビングをする訳でもないが――その地は旅行者にとって、そのことの為の処とも言われている――、ニューアイルランド島に渡ってみるのもいいと思えて。ラバウルのニューブリテン島を入れて、三つの島を訪れることになる。

「ラバウルからはケビエンに行きますが、二十六日発はありますか？」

　チェックしてくれる。そしてすぐに、

「大丈夫です。予約しますか？」

「いえ、ちょっと待って下さい」

　ラバウルに二泊してケビエンに三泊するか、あるいはラバウル三泊にケビエン二泊か考える。ラバウルの方が長く居た方がいいように思えて、

「ラバウル発、二十七日もありますか？」

再びチェックを入れてくれる。

「大丈夫です。二十七日もあります」

「では二十七日発にして下さい」

さてケビエンから次だが、そこに二泊すると、二十九日発となる。ポートモレスビー着を当初三十日と考えていたが、一日余裕をもって戻るのもいいと思えて、ケビエンから直接戻って来ることにする。どのフライトよりもポートモレスビーに戻って来るそれが一番重要だからだ。三十一日発のシンガポール行きに乗らなければ大きな問題になるから。

「ケビエン発二十九日で、ポートモレスビーまでは取れますか?」

彼女はキーを叩いて、画面を見ている。

「大丈夫です」

「では以上のルートで予約を入れて下さい」

彼女はこちらの希望に沿った予約を入れてくれ、そして打ち出されたその紙片を見て、各ルートの料金を計算してくれる。

ポートモレスビー→マダンの航空券を見て、

「割引されていますね?」

「はい。私は旅行者ですから」

旅行者に対しては二〇%の割引がある。但しそれはニューギニア航空に限ったフライトだが。

マダン↓ウエワク＝百十四K。ウエワク↓マウントハーゲン＝百六K。マウントハーゲン↓マダン＝百三十K。レイ↓ラバウル＝三百十四K。ラバウル↓ケビエン＝百三十二K。ケビエン↓ポートモレスビー＝三百六K、で合計千百二K。それに税金が一割で百十Kプラスされて、トータル千二百十二Kである。

「これだけの額はないので、今銀行で両替して戻って来ます」

「OK、両替したら列に並ばなくていいですから、直接ここに来て下さい。この列に並んでいたら、すごく時間がかかりますから」

ひどく親切な人だと思う。いろいろなタイプの人がいる。それは何国人というのに関係ない。日本人にもそのようなことは言えるのだから。

十一時三十四分、オフィスに入って約一時間十五分後、そこを出て再びウエストパック銀行へ。直行したので四分で着く。しかし一人の先客が居て、それがなかなか終わらない。

十五分待ってやっと番になる。しかしその両替がまた簡単でない。行員は彼女等同士でプライベートな話に夢中になったりしているのだから。

八百ドル両替する。手続きする窓口と金が出て来る窓口は違う。僅か窓口三つ向こうというに過ぎないのに。

二十八分後の零時六分、千九百九十・四〇Kを手にしてニューギニア航空に戻る。

しかしそのビル手前二十メートル程の道路に大勢の人々が固まっている。警察の車が居て、ビル方向への通行を制限している。こちらは関係ない、と思い、脇を通って同ビルに近づき、同オフィスへの階段を昇る。すると呼び止められる。確かに周辺には誰も居ない。オフィス自体も閉まっている。

「今日はもう開かない。明日来い」

怒鳴るように一人の警官が言う。何かトラブルがこのビル内で起こったようだ。人々がこの道路を遠巻きに見つめている。先程同オフィスを出てから三十分程の間に、何か異様なことが起こったらしい――まだこの国は若く（一九七五年、独立）、決して政情が安定しているとは言えないのだ。

『こんなものだ。肝心のものを手にしようとする時、それにストップが――それは予想外のことで――かかってしまうのだ』

仕方なく、一旦宿へ戻る。

植物園へ

良い具合に下痢症状は収まっている。神経が今後の予定のことで一杯になっているからだろう。中途半端な状態の航空券……。「オフィスは明日にならねば開かない」、という言葉を信じてはいない。いや仮え信じていたとしても、早くそれを入手することに越したことはない。幸い予約を入れた紙片は持っている。それを持ってタウンにある同航空オフィスに行こうと思う。

部屋内で両替した金を仕分けて、十五分後、宿を出る。十二時三十二分。

まず、「ドブ・トラベル」へ行く。この町に戻って来た時の予約を入れようと思って。

しかしまだ先のことで予約を入れることはできない。トラベルオフィスの方で、現地人スタッフの男が、

「二十六日か、二十七日に電話して下さい」

二十九日のことはまだ予約できないようだ。しかしその比較的こちらに好意的な彼を知ってよかったと思う。オフィスの電話番号と彼の名前（John《ジョン》 Paru《パルー》）を記した紙を貰う。

それからスーパー（＝マーケット）に行く。ヒゲが伸びてきている。白いものが混じらなければその必要はないが、斑《まだら》だと齢は隠しようがなくなるから、剃らねばならない。頭髪の方は何もできないので、せめてヒゲは剃っておきたい。日本からヒゲソリは持って来ていない。

二つ目のスーパーで五本入りの簡易のそれを三・二五Kで購入する。

午後一時十分、バススタンドから四番のバスでタウンへ向かう。ここで、〝ちょっといい光景〟に出会《くわ》す。私の前の席の初老の男が途中の停留所で下車した。通路を挟んで坐っていた男が彼の立った後《あと》、席に何かを発見して、それを取って車外に居るその初老の男に渡した。どうやら硬貨のようだ。彼は特別、大きな感謝を示しはしなかったが、それを受け取るとポケットに入れた。

落とし物に気付いて――気付いたら――、そういうことをする男が居たことに、ちょっと感激

したのだ。今では日本でもあまりないかも知れない。この国にそのような行為をする男が居ることに嬉しさを覚えたのだ。確かに得体の知れぬ男もあちこち屯していることも事実だが……。

帰国の日時が決まっている現在、あのアフリカ旅行時のような自由はない。同じように肌の色の黒い現地人に声を掛けられると、ひどく恐れを感じる自分を否定しない。

終点の大聖堂前には一時二十一分に着く。そして先方にある Douglas《ダグラス》通りを右折して、突き当たり左角の「ハイビスカスホテル」のコーナーに沿って左折する。少し下り道を行くと Champion Parade 通りに突き当たる。この通りの向こう側にあるニューギニア航空オフィスに行く。

ここでも二十人近い行列。今日中に航空券を入手すべく並ぶ。三人の係員が窓口で当たっているが、どの窓口も客一人につき、五分以上もかかっている。時々窓口から係員が消えて、それが二つになることもあって、遅々として進まない。

こちらの番は一時間後にやっと来る。窓口の女の人はボロコでの女の人と全く違って、ひどく高圧的だ。予約の紙を見せると、

「なぜ割引されているのか?」

とまず訊く。全く好意的でない。

「ボロコのオフィスの女の人がやってくれた」

「なぜだ?」

重ねて訊く。なぜ、と言われても、それは昨日空港でマダンへの航空券を売ってくれた男の係

員がそうしてくれたからだ。こちらはその切符を見せる。しかしそれを見ても納得しない。予約の紙を見て、

「誰がこれをくれたのか?」

「ボロコのオフィスだ」

そして最初に言った言葉を繰り返す。

「ボロコのオフィスで予約を入れて、それを購入するために両替をして戻ったら、オフィスは閉じられていた。その周辺にはポリスが居て購入することができなくて、ここに来たのだ」

彼女はボロコのオフィスに電話を入れる。

「閉まっている筈だが……」

しかしそれは通じる。

「その男がこっちに来ている。名前はスズキと言う。」

電話の向こうと話が通じたようで、やっと納得する。しかし、

「旅行者なら、インターナショナルの航空券を見せろ」

こちらはシンガポール経由日本までのそれを渡す。それでやっと割引きされているのを納得する。しかしもしこの予約を最初にこの女に頼んでいたら、たぶんやってくれなかっただろう。面倒臭がって途中で、「Full, Full」と言って、別の会社のそれなんか調べてはくれなかっただろう。そう考えるとボロコのそこに当たったことを幸運としなければならない。それもボロコに宿を取

ったことによる。

千二百十二Kを支払って、やっとその航空券を入手して、オフィスを出たのは二時四十三分になっている。一時間十五分も居たことになる。航空券一つ買うのにこれだけかかる。これもこのような国では詮無いこと。この国の旅行を実感する一時……。

歩いてエラビーチに面するバス停まで行く。マスグレイブ通りのバス始発地点には大勢の人間が居て、そこに立ち止まることは憚《はばか》られて。それに次に行く植物園へのバス番号を確認するために、ゆっくりガイドブックを確認したくて。始発地の処に立ち止まってそれを見ていたら、男が声を掛けてきたので歩き出さざるを得なかった。

二時五十六分に着いて、一分後に来た四番のそれに乗ってボロコまで行く。十五分後着いて、九番のバスに乗り換える。タウンから植物園方面へ直接行くバスがすぐには来なかったので。

三時十三分に九番は発つ。GEREHU《ゲレフ》行きだ。Waigani《ワイガニ》 Drive《ドライブ》を走って、十五分後、ゲレフへの道へ右折する。そして少し走ると右側に植物園らしき入口を見るが、誰も下車しないので、乗り続ける。過ぎてしまえば途中で降りても、かなり歩くことになる。終点まで行くことを決める。

三時四十一分、ゲレフの終点に着く。ドライバーが室内ミラーを見て、

「どこに行くんだ?」

「ボタニカル・ガーデン」

「ああ、それなら途中にあったのに」

こちらはそれを解ってもらって乗り続ける。いい具合に二分でトンボ返りで出発する。そして九分後、その入口で停車してくれる。ガイドブックには「五時まで」とあるので、あと一時間程しかない。

雨は降り続いているので傘をさしてそこに入る。しかしこの入口は正門とは違うようで、入園券を買う窓口もない。裏口なのか、そこに居るまるで兵士かポリスのような制服を着た男が、

「入口はここではない」

と言って、当初入園を拒否する。しかしすぐに、

「まあいい、ここからでも」

二K支払って入る——この額も相手はこちらを見て最初「五K」と言ったが、それを断って、二Kに負けさせていた。たぶん正規料金も二Kの筈だ。

植物園温室内，極楽鳥を模した造り物

植物園，温室内に咲くラン

三時五十三分から四時二十八分までの僅か三十五分間しかいない。温室のカギが掛けられたりで、全体の半分も見られなかったと思う。

入った温室の、その入った入口の処の扉に、出る時には南京錠が掛けられて、戻ることができず、別の出口から出ると必然的に、先程入ったゲートには出られなくなってしまう。

こちらにも同じ制服を着た現地人が三人、番をしていて、閉じていた外へのゲートを開いてくれる。

「バス道路はどっち？」

と訊いて、示された方向へ歩いて行く。園脇につくられた狭い道を行く。

五分後バス通りに出て、バス停ですぐに来た九番のそれに乗り込む。

ボロコ？、と確認して乗ったそれはしかしそこまで行かず、途中で客は全員降ろされる。

料金の五十tのうち三十tが返却される。それでもボロコまで行かねば二十t損したことになる。次に来た九番のバスに乗り換える。五十t払わねばならないことに変わりない。

十分後に、ボロコの町中の道を通るが、いつものルートと違うので、そうと気付くのが遅れて下車できず、乗り続ける。そこで下車しないとボロコの町中から少し離れてしまうので、いつものバススタンドに着くまで乗り続ける。

さらに十分後の五時七分、そこに着いて下車する。

夕食用に何か食べ物を、と店屋に入るが、五時を過ぎたこともあって、食堂は店閉まいをしていて、ごはんは売り切れで、残っていた魚のフライを一・八〇Kで買い求める。次いで、隣のスーパーで食パンを購入して宿に戻る。五時三十分になっている。

ポートモレスビー二日目もそれなりに動いて終わる。無駄足が多かったが、本来自分の旅行とはこんなものだ。金に糸目をつけない旅行なら、その苦労の半分は解消されるのだろうが。

夜は当然にどこにも出ない。魚フライと食パンと宿の自動販売機で買った缶コーラ等二本で夕食とする。自分には充分のものだ。

ツインルームは一人では広い。この宿にはシングルルームはないようだ。ツインか、ファミリー用のそれ以上に広い部屋があるのみだ。

暢びりするが、すぐに時は過ぎ十一時を回ってしまう。テレビのない時間でも何も退屈しない。これが旅行の良いところだ。

こういった宿は白人には良いかも知れない。英語を不自由なく話せれば、ひどく有効な施設だと思う。自分がもし英語をもっと上手に話せれば、東洋人ということが仮えあっても、もっと楽に旅行できたと思う。

空港へ

ポートモレスビー出発の日。航空機の定刻は午後三時十分。従って同一時頃まで宿に居たい。この間にやることは一つ。次に行く地の宿に予約を入れること。

試みに昨日行った「ドブ・トラベル」に当たってみる。あのジョンが居れば頼んでみようと思う。彼はその表情から、好意的で、親切な男のように思えたから。

チェックアウト時刻の十時まで部屋に居て、そして「ドブ・トラベル」へ行く。五分もしない処にある。いい具合に彼は居る。

「お願いがあります。今日この町を発ってマダンに行くのですが、そこでの宿の予約をしてもらえないですか?」

このようなことを英語で伝えたつもりだが、当初彼はそのような依頼を受けるとは思っていなかったようで、怪訝な顔をする。こちらは改めてその旨を伝える。するとそれを承知してくれる。

「マダンは、このゲストハウスです」

その名前と電話番号を書いた紙片を見せる。ポートモレスビーを出てから以降の都市名と予定宿泊施設と、その電話番号を一覧にしている。

彼はそれを見ながら、電話してくれる。そして向こうと、電話相手と話してくれる。その口調、雰囲気から——彼等の言語であるピジン語で話しているので正確には分からないが——受け入れがOKされたようだ。一泊＝三十五K、とも聞いてくれる。旅行代理店の社員である彼は電話の掛け方、問い合わせ方も心得ていて、それを引き受けた相手の名前も聞いてくれる。

「OK、取れたよ。十三、十四、十五の三日間と、二十一日の一日分」

「ありがとう、助かりました。申し訳ないけれど、次のウエワクもお願いします」

「いやそれはマダンに着いたら、そこで予約した方が良い」

しかし私は、可能ならここで入れたいと思い、

「あなたの親切さに頼みたい。とてもやさしい人だから」

と言うと、少し笑顔を作って、マダン以降の予定の宿にも電話をしてくれる。ウエワク、マウントハーゲン、そしてレイの宿まで予約を入れてくれる。こちらは残りのラバウルとケビエンもと思ったが、

「それは、この後の宿で入れて下さい」

と言われて、これ以上を頼むことはできない。これだけでもよくやってくれたと思う。感謝である。当分宿探しでウロウロすることはなくなる。レイかマダンで、ラバウルとケビエンの宿の

予約を入れればいい。

「二十九日にポートモレスビーに戻って来ます。三十一日には日本に帰るフライトに乗ります。その前日の三十日にここに泊まりたいのですが、そうしてもらえますか？」

「三十日に来たら、アレンジしてみよう」

泊まれるか判らないが、その時はその日が最後となるので、少々高い宿でも我慢しようと思っている。二十九日はこの〝Mapang Home（ミッショナリーホーム）〟に泊まれるので――今朝その予約を入れている。三十日は、〝満室〟だった――三十日のみがまだ決まっていないのだ。もしここに泊まれれば言うことはない。

その予約を入れたことで気分的に楽になり、宿に戻ると、コモンルームで休息する。外はいい具合に雨もあがっている。しかしこの先何があるか判らない。悪い事の起こることも当然予想して過ごして行かなければならない。

今朝の食事時には、昨朝のマウントハーゲンからの男の人は居らず、白人の家族連れ（夫婦と子供三人）と白人の婦人一人、そして現地人の婦人一人が居た。白人にとっては、自分の家に居るような気楽さだろう。移動は車と飛行機だろうから。

このボロコで昨日も一昨日も日本人らしき男（たち）を見ている。結構この国にも入って来る者が居るようだ。日本から直接でなくても、シンガポールやマニラから、あるいはオーストラリアから定期フライトがあるので、長い旅行をしているフリーターや学生には訪れる国の一つとなっていることだろう。そういった日本人が増えることを願っている。

フライトは国内線だが、早目にそこに着いておくに越したことはない。それにこういう日にどこかを見物するなどという気は起こらない。

午後一時ちょうどに宿を出る。二時間以上の間があるが、空港に着くまで三十分以上かかるかも知れないとも考えているので、ちょうど良いと思う。

歩いてバススタンドに行く。僅か二泊しただけなのに、ひどく見知った道すがらのような気がする。

八分で着いて、すぐに来た四番、エリマ行きのバスに乗る。座席数に、たまに一人二人が出入り口に立つだけしか乗せないから、乗ってしまえば何も窮屈なことはない。これがインドやアフリカとは違うところだ。乗り降りも日本人と同じように、ひどく秩序正しく行なわれている。これは確かに特筆すべきことだろう。順番を待つということに関して言えば中国人やアラブ人以上だ。

運転そのものも必要以上にスピードを出すこともなく、危険なハンドル捌きもしない。クラクションが鳴ることもない。左側通行ということで日本と同じだから、尚更道路を横切るのにも、あまり神経を使わなくていい——日本に、というより、英国に合わせたのだ。

信号は大きな交差点にしかないが、横断歩道の白線が引かれている処では日本以上に車は止まって、歩行者を優先させるところなど、ちょっとこういった国では信じられない程だ。それが人口の多い首都で行なわれているのだから、この国に明るい未来があるような気もしている。

バスは八分で終点のエリマ・マーケットに着く。そこに着くことは判っている。昨日がそうだった。その時には十五番に乗り換えて、旧空港ターミナル近くまで行ったのだ。しかし一応、運転手に、

「空港に行きたい」

と言うと、

「七番か十五番だ」

しかし今、そのどちらも止まっていない。そのバスはどこに居るのか、という意味で、こちらはマーケットに沿う道を曖昧に指差す。すると、

「あっちだ」

と言うように彼は前方を指す。しかし肝心のバスの姿はないので、定かには確認できない。

その後、彼とこちらとの間でその場所の確認が指で繰り返される。客はすべて下車していて、運転手と料金徴収係の助手しか居ない。

こちらはとにかくその方に行くべく下車しようとする。すると運転手は、

「乗っていろ」

と合図をする。こちらは空港へ歩いて行ける既知のマーケットの処まで送ってもらえればいいと考える。バスはそちらの方向に動き出したからだ。

二分走ると、見慣れた小さな路上マーケットに達する。それを見て、立ち上がって、〝下車する〟と合図する。しかし、

「大丈夫だ」

助手が止める。バスはその橋を渡って行く。こちらの為だけにPMV《バス》は空港まで行ってくれるのだ。勿論ターミナル建物正面にではなく、この町に着いた時、少しそれを待ったバス停にだが。この四番のバスがそちらに行くことは普段ないのだ。特別の運行……。

エリマを出て四分後、そこに達する。その停留所で待っていた者達は、予想外のバスを見て立ち上がる。車掌は四番の正規の行く先を告げている。ここからそちらに向かうのである。ボロコから僅か五十tで空港前まで行けたことになる。この国ではこういうことが可能なのだ。柔軟性が人々の中にあるということ。人々はある意味でひどく気持ちにゆとりを持っていると思う。

『幸運だ』

と思いながら、空港内に一時二十五分に入る。そしてすぐにチェックインカウンターへ行く。三～四人並んだカウンターがある。その後ろに付くが、その二つ隣にも係員は居る。そちらには一人の客が居るのみだ。行く先がそれぞれ違うからなのか。しかしその上には何のボードも出ていない。それでそちらの方に移動する。もしそちらでもOKなら、待ち時間は短くて済む。

前の男が終わって航空券を見せる。係員はマダン行きのそれを受け取ると処理してくれる。こちらでも良いのだ。そして搭乗券を貰う。しかし、

「午後七時発になりました。遅延されています」

唐突に言われる。当初その意味が解らない。それで、改めて聞き直して、約四時間遅れるということを知る。それが今から判っているという。このことを事前に知っていればもっと違った時の送り方はあったが。

しかし搭乗券を貰ってひとまず安堵する。左に進んで入室者をチェックする男の前を通ってドアを開け、出発ロビーへと入る。すでに広いロビーには大勢の客がその椅子に坐っている。

遅延

七時まで待たなければならない。隅のベンチに坐ってガイドブックを読みながら時間を送る。一時間経ち、二時間経ち……。しかしその間、搭乗アナウンスよりフライトの「キャンセル」を告げるそれの方が多い。ウエワク行きやら、ラバウル行きやら、その度それらの客は諦めて、入って来た入室口を出て、それぞれの方向へと戻って行く。

フライトのキャンセルはよくあることのようだ。それを知って心穏かでなくなる。今日マダンへ飛べなければこの後《あと》の予定がズタズタになる。旅行の最初からこうであっては、ひどく先が思いやられる。すでに宿や航空券の予約を入れてあるのだから、一つが狂うとすべてが狂ってくる。

多くの客が居るロビー。そこここで話し声がしているが、アナウンスが流れ出すと一瞬にして静かになる。無音となってそのアナウンスに誰もが耳をそば立てる。これもまた黒い人たちの国にあっては見事という程のものだ。

ロビーに入ってから、幾便キャンセルになったことか。六時までの間に三便はなっていただろう。そして飛んでいったのは二便だったと思う。

午後五時頃にこちらの坐るベンチの近くにある売店に一人の日本人らしき男の人が買い物に来る。彼を実は昨日、宿近くのスーパーでも見掛けている。タバコを買っていたように思う。その英語の発音から日本人でないかと思っている。この国はヨーロッパ人（白人）以外ではアジア人ということになるが、その行動から、日本人かどうかは大凡見当はつく。中国人は明らかに中国人的行動、歩き方をするし、それ以外のアジア人も日本人でなければ、雰囲気で分かる。

ここでの彼も日本人的雰囲気を漂わせて、買い物をしている。簡単に言うと、ひどく物静かなのだ。ただ旅行者風には見えない。彼はリュックは背負っているが、紙製の大型の手提げ袋も持っているからだ。それに長袖の上着も着ていて。しかし、旅行者かも知れない、という気も少しはある。

七時過ぎ――そう、何事もなく〝七時〟が過ぎてしまう――、思いきって彼の坐るベンチに行って話し掛けてみる。もしマダンへ行くのなら空港からタウンまで一緒に行ければと思って。とにかく夜の町を一人で行くのはまずいと思われて。この時刻に待つ客は、あるいはマダン行きだけではないかと思われて。

「失礼ですが、日本の方ですか？」

こちらの不意の問い掛けに、一瞬驚いた風を見せる。

「ええ」

と、しかしそれ程拒否する風も見せずに応えてくれる。

「どちらまで行かれるのですか？」

「レイです」

レイ行きがこの時刻にあるとは知らない。ということはこのロビーに今居るのはマダンとレイに行く人たちなのか。

「私はマダンなのですが、まだ搭乗が決まらないのですけれど……」

この時ちょうどアナウンスが響いてくる。二人は話すのを止めて聞き入る。そしてそれが終わると、

「どうやら、レイ行きがキャンセルになったようです」

その言葉を聞いて、その人には悪いが、救われた、と思う。『運がある』とも。

「マダン行きはどうなるのでしょうか？」

「あそこの画面を見てみましょう」

彼はフライトスケジュールを示すテレビの画面を見てくれる。

「マダン行きは今搭乗されているようです」

それについてのアナウンスはないが、ロビーの搭乗口には確かに人が集まり出している。

「こんなことは頻《よ》くあるのですか？」

「昨日もマダン行きは五時間遅れたと聞いています」

「もしキャンセルになった時は、どうなるのでしょう？」

「翌日に振り換えられると思いますが……」

「その当日はどうなるのですか？」

「ホテルを紹介されて、そこに泊まれることもあるのですが……」

私はこちらのみがフライトされることに申し訳なさも感じたが、荷物を取りにベンチに戻り、そしてそれを取ると搭乗の列に並んだ。その人は、

「昨日新しい首相になって、国内が少し混乱するかも知れませんから、気を付けて下さい」

と注意してくれた。彼はやはり旅行者ではなく、レイに住んでいる人だった。優しい落ち着きの感じられる人で、やはり話し掛けて良かったと思う。

「ありがとうございます」

と言って、彼と別れる。キャンセルになったレイには明日行くことになるのだろう。

キャンセルはこの国では珍しいことではないらしく、現地人も白人も誰も不満を言う者もなく、ロビーを後にして行く。

マダン行きの搭乗は七時三十分から始まり、こちらは同三十七分にそのチェックを受け、歩いてその機へと向かう。座席番号は9Bとなっている――こちらの前に搭乗券を示した白人の男は出口の処で弾かれていた。どうやらそれはこの日のキャンセルになった便のものだったらしい。搭乗者にキャンセルがあれば乗れるのだろうが。

長いそこまでの道を歩いて行く。夜のそれはちょっと淋しい道のり。小型機がいくつも駐まっていて、どれがそれか判らず、前を行く男を見失なわないように歩く。

四分後、タラップの下に着いて搭乗する。9Bは最後列。つまりこの機は通路を挟んで二席ずつの三十六人乗りだ。

9Aの窓側にはまだ人は居ない。前の8Aに現地人の男が坐る。通路を挟んだ窓側の8Dと9Dに白人の若者が一人ずつ坐っている。

乗り込んで来た客が後方に来る。前席の8Bに白人の婦人が坐る。しかし少しして、その人の夫らしき男が来ると、彼女は8Aの男に、

「ハズバンドなので、席を変わってくれないか?」

特別済まなそうな顔をする訳でもなく、至極当然の風をして言う。現地人の男も文句を言う訳でもなく、一つ後ろの私の隣、9Aに坐る。8A、Bにはその白人の夫婦が坐る。

その後に来た現地人夫妻は、彼等の持つ搭乗券の席である9C、Dを見て、そこに坐る白人の若者に問い掛ける。すると彼は、仕方ない、といった表情を作り、自分の持つ8Cの方へ動いた。

白人の若者二人は友人ではないのか、あまり口を利くこともない。

私は隣席の男を見て、もしマダンに住む者なら空港からのトランスポートも知っていると思い、いや夜故、一緒にタクシーで町中に行ってくれるよう頼もうと思い、話し掛ける。

「あなたはマダンに住んでいるのですか?」

「いや、×××に住んでいる」

×××、がどこか分からなかったが、マダンでないことから、

「マダンには何をしに行くのですか?」

「兄弟が住んでいるので、会いに行きます」

「何日間いるのですか?」

「一週間以上になるでしょう」

「マダンの町は初めてですか?」

「いや、何回も来ています」

「では、町のことはよく知っていますか?」

「ええ」

「私は旅行者で、今日はルーテル(=ルター派)教会のゲストハウスに泊まりますが、知っていますか?」

「ええ」

「そこに空港から一緒に行ってくれませんか?」

「いいですよ。連れて行ってあげましょう」

「本当ですか。ありがとうございます」

「問題ないですよ」

「タクシーで行きますか?」

　この質問には、彼ははっきり答えない。こんな会話を、始動（七時五十五分）し、離陸（八時）するまでの間に交わしている。マダン着陸後に何とか宿に迷うことなく着けそうなので、ホッとする。

　しかし小さな機故に着陸するまでは心配。飛行機の場合、心配してもどうしようもないことは解っているのだが。

　八時二十分、一人だけ乗り込むスチュワードから、パンケーキとジュースとコーヒーのサービスを受ける。彼は狭い通路を行きつ戻りつしてサービスしてゆく。一時間十分のフライトだが、何のサービスも無いより良い。

　隣席の男の名はElaijah《エライジャ》と言う。彼は、

「腹が一杯!」

　と言って、ジュースを飲んだ以外は受け取らなかった。彼は機中ではほとんど目を閉じて過ごしていた。

マダン

町中見学

ニューギニア航空一九二便は九時十一分にマダン空港に着陸した。

五分後、ターミナルの建物近くで降機し、他の乗客の後ろに付いて建物内に入る。そこでエライジャの荷物の出て来るのを待つ。

彼は私より後《あと》から降りたのに、見失ってちょっと焦る——その間彼は建物内には入らず、その外で迎えの「兄弟《ブラザー》」を探して、会っていたようだ。

荷物は降機後、五分もすると出て来て、エライジャは自分のそれを見つけると、ピックアップする。

そして同二十五分、彼の兄の運転する車で空港を離れる。タクシー、なんかではなく、ちゃんと迎えの車があったのだ。こちらはその兄と挨拶し、そしてライトバンの後部席にエライジャと並んで坐る。助手席には彼等の友人が居る。

真っ暗な中を空港を後にする。エライジャに会ったことを感謝しなければならない。彼の行く

マダン空港，エライジャ（右）

兄の住まう家はこちらの宿より手前にあるが、そちらまで送ってくれるという。確かにこのような時刻に一人で未知の町を歩くことは避けたい。

途中の医療関係の建物の処で友人を降ろし、ゲストハウスに向かう。私には夜故何も景色も見えぬが、

「ここがマーケットだ」

「ここが警察署だ」

「ここがリゾートホテルだ」

と、その都度教えてくれる。その親切に本当に感謝しなければならない。

そして九時三十五分、空港を出てちょうど十分後、そのルター派・ゲストハウス前に止まる。

しかしポートモレスビーの宿同様、鉄製の門扉は閉じられている。

十メートル程先の建物内には明かりがあるが、すぐには誰も出て来ない。鉄扉を叩いた位では分からぬようで、クラクションを遠慮がちに小さく二回鳴らす。

すると、私には向こうの動きは全く判らないが、エライジャが、

「人が来る」

確かに少しすると、現地人の男が鍵を持ってやって来る。そして閉じられた鉄扉と柵支柱とを繋ぐ、二重三重に絡められた鎖を、鎖に掛けられた錠を外す。

「スズキか?」

「はい」

エライジャが私の言う前にフライトが遅れたことをピジン語で伝えてくれる。

「OK、予約が入っているから問題ない」

私はエライジャとその兄にお礼を言って、二人と別れる。また一人、感謝すべき人と知り合う。

建物に入ってすぐにあるコモンルームはすでに暗く、誰も居ない。鉄扉を開けてくれた男とは違う男が——彼も現地人——が出て来て、部屋へ案内する。そこには白人の若者が一人居る。

案内してくれた男からその部屋の鍵を受け取って、マダンでのベッドを得る。

部屋は三人部屋。白人はデンマーク人で学生という。この国には旅行で来ていると。あと一つのベッドは空いている。

何もしないが神経の張った長い一日が終わる。食事は機内で食べたパンケーキ一つだが、空腹はあまり感じない。神経が参っていると、胃もそれによって何らかの作用をするようだ。

シャワーを浴びて眠りに就く。久しぶりのドミトリィ。いくらか緊張をして。

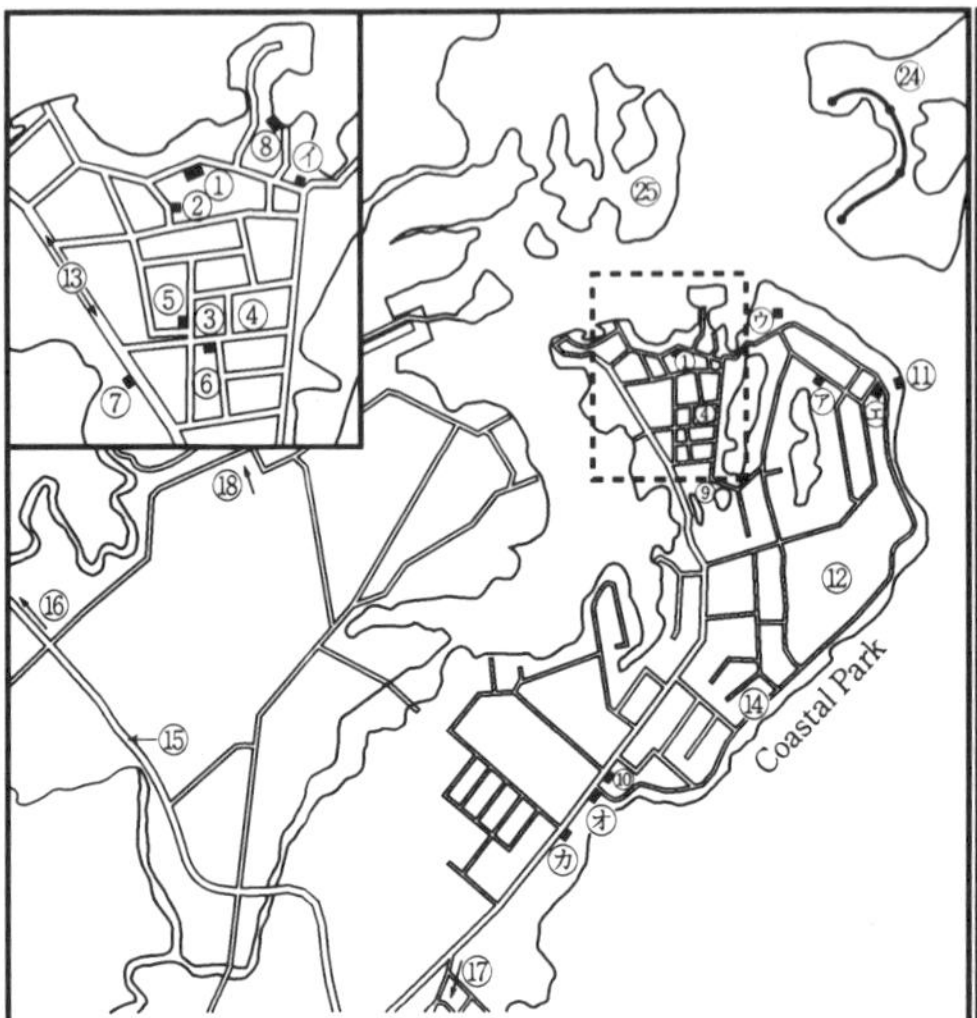

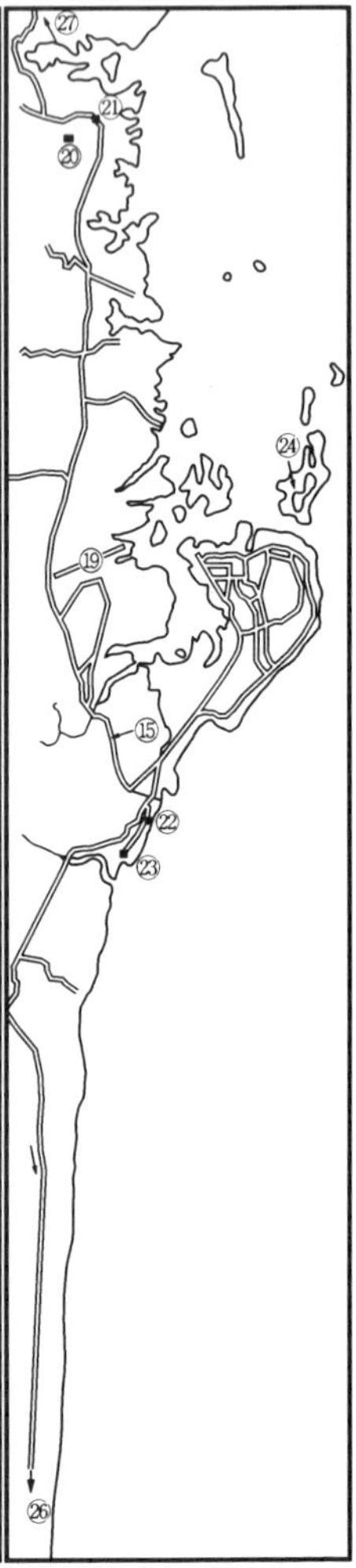

①PO
②ニューギニア航空
③ドイツ人墓地
④マーケット
⑤BP ガソリンスタンド
⑥レイ方面バススタンド
⑦船会社（レイ，ラバウル等方面）
⑧クランケット島行，PMV ボート乗場
⑨ Sir Donald Cleland 公園
⑩ツーリストオフィス
⑪沿岸警備記念灯台
⑫ゴルフコース
⑬ Modilon Road
⑭ Coronation Drive
⑮ North Coast Highway
⑯アレクシスハーフェンへ
⑰ヤボブへ
⑱空港へ
⑲空港
⑳旧日本軍飛行場跡
㉑アレクシスハーフェン村
㉒日本人慰霊碑
㉓ヤボブ村
㉔クランケット島
㉕ Biliau 島
㉖ Lae へ
㉗ Bogia へ

㋐ルター派・ゲストハウス
㋑CWA ゲストハウス
㋒マダン・リゾートホテル
㋓Coastwatcher's Motel
㋔Smugglers' Inn
㋕Madang Lodge

左，マダン全体図（左上，中心部）と右，マダン近郊図（アレクシスハーフェン）

七月十四日、水曜日。実質マダン初日。

朝食後、見物に動く。その朝食だが、所謂英国式で、すべて甘いものばかり。これはポートモレスビーの宿と全く同じメニュー。ちょっと閉口するが、"Bed & Breakfast"なので食べないと勿体ない。

数種類のシリアルに牛乳を掛け、食べ、次にトーストを一～二枚頂き、そしてコーヒーか紅茶を飲み、果物のバナナ。またここではパパイヤも食べている。白人には何も不満もないようだ。朝食（のメニュー）に頭を使うのは馬鹿らしいと考えているのかも知れない。

宿を八時三十二分に出る。この町を歩いて見物する。地図を片手に歩く。道に出て左方向に行き、突き当たりを左折する。緑、木立ちの中を行く。小さな橋があり、右側はすぐ海だ。水が近くにあるというのは気持ちを大らかにしてくれる。こういった木と水のある町は好きだ。

八時四十八分、郵便局に入る。切手を購入する。日本までハガキは六十五ｔという。十五枚分買う。

九時に出て、可能な限り町中を広く歩こうと道を択《と》る。道なりに行くと Modilon Road《モディロン通り》に突き当たり、そこを左折する。

十一分後、Lutheran Shipping（船会社）前に着く。ここからレイやラバウル、そしてウエワクにも客船が行っている。時間さえあれば船で巡りたいと思うが、もう無理だろう。

ドイツ人墓地前，バススタンド

ドイツ人墓地

マーケット内の光景

同十五分に同社前を出て、先に進み、三分で“Sir Donald Cleland”公園辺に達する。さらに道は空港方向へと続いているが、ここからKaislan Aveを左折して中央辺に戻って来る。

ドイツ人墓地前のバススタンドのベンチで小休止し、同墓地の小丘に登ってそれを見て、そこから下って目の前にあるマーケットに入る。ただ見るだけと思ったが、アクセサリーと木彫りを売るのを見て、その値が一K、二Kと手頃なので、つい買ってしまう。荷物になるのはまだ避けるべきだったのだが。

十時に出て、その辺を少し歩いて、同十分ニューギニア航空オフィスに入る。次へのフライトの予約の再確認をするために。

オフィス内は冷房が利いていて、外から入ると気持ち良い。これは郵便局――ここの郵便局はあまり人も居らず、ひどく平和的で暢びりしている——でもそうだった。外とこれ程違うのなら、用もないのに涼みがてら入っている者が居てもおかしくないのに、ここではそういう者は居ない。郵便局にも、用のある者しか居なかった。これもこの町のある豊かさを示していることだと思う。

先客が四人居る。十五分もかからぬだろうと思っていたが、すでに窓口に居た男たちの用がなかなか済まない。キャンセル便が多い為か、その振り替えの日にちの調整がつかないようだ。しかしここでも並ぶ客にイラつく風は少しもない。

二十分近く待って、こちらの番にやっとなる。相手は若い男だ。感じは良い。

「この航空券の予約の再確認をしたい」

彼は航空券を受け取ると処理してくれる。

「マダン→ウエワクは再確認しました」

と言って、それを返してくれる。こちらは他のもやってしまおうと思い、

「ウエワク→マウントハーゲン、そしてマウントハーゲン→マダンもお願いします」

再び航空券を渡す。彼は好意的にそれを処理してくれる。一分もせず、それは完了する。取り敢えずそれだけにする。レイ以降のは再びこの町に来た時にすれば良い。あるいはレイの町で。

十時三十二分、同オフィスを出て、すぐ近くにある日用雑貨兼本屋兼スポーツ用品、その他あらゆる品物を扱う店で絵ハガキを購入する。当初はウエワクかマウントハーゲンから出す予定だ

ったが、航空便のキャンセルが珍しくないことを知って、果たしてその地に予定通り着くか判らなくなったので、『出せる処から出しておこう』と変更する。この国を紹介する典型的な写真であれば、どこで購入しても同じだろう。一枚、九十tで十枚求める。

十時四十七分に出る。まだそんな時刻だというのにひどく暑い。

次にレイ行きのバススタンドを探す。道行く人に訊いてみる。すると何のことはない。先程居たドイツ人墓地前のそれがそうだった。

今日はこの町中のみを見るつもりだ。バススタンドを十一時一分に出ると、再びモディロン通りに出て、南に下って行く。

同十一分、小学校前通過。

同二十五分、“Visitor's《ビジターズ・》 Centre《センター》 (Museum & Cultural Centre)”に着く。

ビジターズ・センター入口辺

岩場でカニ獲りをする子供達

白人が四人居て、館内を見ている。また現地人スタッフに何やら質問している。こちらは休憩を兼ねて二十分余居て、そこを出る。

すぐ先の"Smugglers' Inn"手前角を左折して、Coronation《コロネーション》 Drive《ドライブ》通りを北上して行く。

この光景、どこかで見たような気がして来る。あれはタンザニア、ダルエスサラームの日本大使館からさらに北に越した木立ちの中にある海岸線だったように思う。二十年近く前で記憶は定かではないが、こんな風だったと思う。

岩場と狭い砂浜が交互にある。岩場では子供達がカニ獲りをし、砂浜では現地人達が、ここでもやはり多くが子供で、泳ぎあるいは水遊びに興じている。長閑かでそして平和な光景。

暑い日射しの中、歩くのに疲れて、途中いくつもあるベンチの一つに坐って休憩する。

また木蔭にシートを敷いて店を出す、氷らせたジュースを売るおばさんの処で、それを買って食べながら休む（十二時二十分から同三十分）。

同三十三分、小さな高射砲が海に向かって立つ処に達する。半ば朽ち果てているが。

氷ジュース売りのおばさん

海に向かって立つ，高射砲

コロネーション・ドライブ通りと海との間に伸びるCoastal Parkに植わる喬木の高枝に、数え切れぬ程のFlying Fox（コウモリ）が羽を休めている。あるいは独特の鳴き声を立てて、仲間に呼び掛けている。

岩場で大人の男たちが叫声と共に、すぐ先の海——かなり水深があるようだ——に飛び込んでいる。自然の飛び込み台となっている岩場。

沿岸警備記念灯台

同四十五分、道路向こう左側にゴルフ場を見る。ゴルフ場といっても何の囲いもないので、クラブを持つ者が居なければ、それまでと同じただの公園、あるいは緑地にしか思えないが。木蔭のあちこちに車が止まり、その中で食事する者、あるいは眠る者などが居る。

同五十八分、突き当たり、道は左にカーブして行く。右側は白人相手のスポーツクラブだ。その近くで小休止し、そして道なりにさらに進む。

沿岸警備記念灯台には一時十四分に着く。白く高く建つそれは、暑い陽光に映えて素敵だ。

五分居て、"Coastwatcher's Motel" の入口角を曲がって宿へと戻る。灯台から五分の距離だ。

平和な島、KRANKET《クランケット》島

部屋で小休止。マーケットで買った木彫り等をリュックに仕舞う。

午後二時六分、宿を出る。目的はクランケット島を見ること。

CWA ゲストハウスの裏の船着場へは十分後に着く。そして待つこと十五分、やって来たPMVのボートに乗る。こういったボートまで公共のもの——公共のものがある——というのは有難い。暢びりモーターで航《はし》らすのは人の良さそうな六十年配のおじさんだ。

十分後、二つ目に止まった処で下船する。降船地点はいくつもあって、どこがどこだか旅行者には判りづらいが、比較的広い、桟橋様のコンクリートがある処で降りる。

二時四十分に上陸し、緑地を上って踏み固められた道を行く。右方向に歩き出す。そちらの方向に家々はあるように思えて。左手は広い緑地があるばかりだから。

この島は、より平和な場所だ。車は一切ない。車の通れるような幅のある道はない。幅一・五メートルにも満たないそれがずっと先へ伸びている。両側には内庭のある高床式の家々が点々と

クランケット島内のメインストリート

同島内の民家

建つ。伝統的な家屋も多い。色とりどりの花が道の脇に、また内庭に咲きほこる。バナナの木があり、マンゴーの木があり、ヤシの木がある。

十分もゆっくり歩くと、左手に教会がある。その近くに小学生位の子どもたちが七〜八人居る。彼等は色違いのこちらを見て近寄って来る。こちらも時間があるので、彼等としばし時を送る。

名前を訊かれ、名前を訊き、次に出身地を訊かぬ前から教えてくれる。それぞれが誰かを指差し、その子の出身地を言い合う。この島生まれでない子も半分居る。近くの SIAR 島とか、少し遠い SEK 島とか、他にもウエワク出身の子とか、こちらの聞き違いかも知れないが、「ラバウルから」という子も居た。

三十分近くそこに居て、しかし先にも進みたいので、ひとまず彼等と別れて歩を進める。彼等の通う学校が五分後に右側にあり、その建物三つ四つを見て、さらに先方へ。

しかし学校から四分歩いた三時三十四分、来る時、ＰＭＶボートが最初に止まった場所に着いて、そこから（十分後に）引き返すことにする。島全体はかなり広く、とてもすべてを回ることなど不可能なことなので。

十二分後の同五十六分、子どもたちの居る教会前に戻る。再び子どもたちと笑顔を交わし合い写真をさらに撮って、十分後そこを出る。

船着場辺には五分で至り、逆方向へと進む。しかしやはりそちらには海に面して数軒があるのみで、右手にさらに折れて行けば島の内側へと入って行くのだろうが、時間に余裕はなく、引き

クランケット島の子供達

同島海辺のアウトリガーの小舟

クランケット島，木のボートで遊ぶ子供達

同島内，教会

クランケット島，船着場につくPMVボート

返す。これで充分満足して。

船着場に四時二十一分に戻り、二分して、乗って来た時と同じおじさんのボートに乗り込む。おじさんもこちらを覚えていてくれて、手を挙げる。

戻りも島の三カ所で人を乗せ降ろしし、そしてタウンへと戻る。乗り込んだそこの船着場には同三十八分に着く。

下船後、夕食用の弁当を買いにマーケット辺へ行く。まだ五時前だが、ほとんどの商店はすでに扉を閉じている。

ドイツ人墓地前のマーケット前の比較的大きなスーパーマーケットに付随してあるKAIBAR《カイバー》が開いていて、そこでピラフを買う（一・五〇K）。宿への途中にある警察署前の小さな店屋でもソーセージを求めている（一・二〇K）。市内を巡った一日が終わる。

五時五分になっている。

Alexishafen へ

翌七月十五日。

まだこの国に来て五日目だというのに、ひどく長く居るような気がする。それだけ一日一日が濃い時間ということだ。

今日はこの町の近郊の見処に行く。二カ所ある。一つは旧日本軍の戦闘機、「呑龍」の残骸のある処。もう一つはYabob《ヤボブ》村にあるという日本人慰霊記念碑。

同室のデンマーク人が朝発つのと合わせて、こちらも彼が出る七時過ぎに宿を出る。彼は七時十分に宿の主人の車で空港に送られて行った。明日はこちらが同じ風になるのだろう。

七時十四分、宿を出て、郵便局で昨夜書いた絵ハガキを投函する。そしてバススタンド辺へ行く。しかしどのバスがMALOLO《マロロ》方面へ行くのか判らない——こちらの目指す処はその途中にあるAlexishafen《アレクシスハーフェン》という村。

そもそもアジア人が質問すること自体に戸惑いを見せて、こちらの質問《それ》を真面に聞こうとする者が居ない。またポートモレスビーと違って、ＰＭＶに番号が振ってなく、入口扉横にも、そちらにはあったルートの表示もないので、全くどれがどこ行きか判らない。

そこに居る人に訊き続けるが明瞭に答える者は居ない。七時四十分まで居ても判然としない。ただ一人の男がそれなりに示した方向に行く。そこが正しいのかどうか判らないが、それはドイツ人墓地を南側から見て、左手方向にあるBPのガソリンスタンド前だった。

七時五十分から同五十七分までそこに居る。しかし待ってもバスは来ない。そこでガソリンスタンドの事務所内に居るレジ係の女の人に訊いてみる。彼女は親切にスタンドの他の人に訊いてくれ、その応えからドイツ人墓地の北角辺を示す。それで私はそちらへと移動する。

暑い陽光の中、十数分待つが、バスは通過するものばかりで、止まるそれはない。ここでも諦めて、先程好意的に接してくれたガソリンスタンドの女の人の処に戻る。そして事情を説明する。彼女、ヴィッキーは再び親身になって聞いてくれ、その場所へ一緒に行ってくれる。

そのコーナーで待つ。まだ八時を過ぎたばかりだというのに陽光はすでに本物だ。

五分待つが、やはりそれらしき車はやって来ない。こちらは仕事を外させてこれ以上彼女を引き止めておくのは心苦しく、少し離れた処に居る男三人を示して、

「彼等がもし同じ方向に行くのなら、私のことを伝えて、あなたは仕事に戻って下さい」

彼女もそうした方が良いと考えて、彼等の処へ行き、どこへ行くのか尋ねて——ピジン語での会話なので定かには分からぬが、話がすぐに終わらない処を見ると、同じ方向へ行くようだ。そして話が終わると——、こちらに、

「この人たちもアレクシスハーフェンに行きます。そしてこの人は——と言って真ん中の男を指

して――ちょうど、その飛行機の残る処近くに住んでいます」

私はその男にガイドブックにある、その写真を示して見せる。すると男は、知っている、という顔をする。他の二人もその写真を見て、同様の表情をする。これで彼女をここに引き止めておくこともなくなる。彼女に改めて私のことを彼等に頼んでもらって、お礼を言う。

「これを見終わったら、ゲストハウスにすぐに帰ってしまうの？」

「いえ、またあなたの処に行きます」

そう言うと、嬉しそうな顔をする。あと一カ所見物する処があるのだから、それも訊かねばならない。そうしない訳にはゆかない。彼女は傍を離れて行く。

そしてその三人の男と待とうとしたその時、ちょうど一台のＰＭＶバスが近くに止まる。三人は運転手と話し、彼等の行く方向へのバスと知ると、こちらにも合図する。案外呆気なく、こんな時には来るものだ。

そのバスを見て、戻り掛けていたヴィッキーが戻って来る。私はバス中から笑顔を返す。窓を開けて手を小さく振る。すると彼女はこちらの窓外にやって来て、小さな紙包みを渡す。何か判らぬが、食べ物のようだ。遠慮せずに受け取る。

そしてバスは男三人と私と、それからすでに乗っていた三人の客を乗せて、八時二十五分、発車した。バス探しを始めて四十五分後だった。

North《ノース》 Coast《コースト》 Highway《通り》への三叉路を右に曲がったのは八分後、そしてそのノースコースト通り

アレクシスハーフェン，旧日本軍の戦闘機残留地への標識

をずっと北上して行く。途中ガソリンスタンドでそれを入れに寄ったが、一分程ですぐ発つ。

十五分後、アレクシスハーフェン村への分岐路に着く。そのほんの少し手前で三人の内の二人の男は下車している。

残った一人と私はそこで降り（八十t）、さらにバス道路を先方へと進んで行く。十五メートル程の橋を渡って数メートル行くと、左に〃第二次大戦時の飛行機の残骸へ一㎞〃との標識が立っている。そこを左に折れて行く。車も入って行くのだろう、ちょうど中型車までが通れる轍が出来ている。そこを男――Angelus《アンジェラス》 Bopogi《ボポギ》という――と一緒に歩いて行く。

彼の家がこの辺りにあって、この時刻に家に戻って行くのだから、てっきり昨日はマダンに泊まったのだろうと思って質問すると、

バス道路からの，轍の印された草の繁れる道で，案内してくれたアンジェラス

「いや、今朝四時にマダンに行った」

そこで八時まで何かの仕事をしていたと言う。何の仕事かは、話したがこちらには良く理解できなかった。もしかしたら何かをマダンの商店に持ち込んで、売り捌いていたのかも知れない。

〝道路から一㎞〟なので、十五分程と予想していたが、その通りで、左折してから十五分後の九時十五分に旧日本軍の飛行機の残骸のある入口に着く。

その「料金小屋」（とアンジェラスは言った）の右手、少し木立ちの中を行くと、それはあった。五十数年前に活躍していたものだ。今はしかし無惨な姿を晒している。

今バス道路から歩いて来た草の繁れる道の両側は、かつては飛行場だったと言う。だが今は、往時を偲ばす何ものもない。

写真を撮る。目的地に行くというのは結局写

旧日本軍戦闘機，“呑龍”の残骸

同上

真を撮るということなのかも知れない——以前は違かった。そう三十年前の日本を巡った旅行の時は違かった。カメラさえ持っていなかったのだから。しかし今は——。確かにその地を訪れました、という証拠に。このことに個人旅行も団体旅行も違いはない。

アンジェラスの写真も撮っている。折角親切にしてくれたのだ。何かで返したいと思って。彼の住所も訊いている。後日それを送ることを約束して（※ 帰国後、現像して送っているが届いたかどうかは判然としない）。彼も当然に、ある時は私以上の英語を話す。そういった意味ではこの国は、インドネシアとかマレーシアとかタイよりも、日本人には旅行し易い。

九時二十七分、そこを出る。そして料金小屋前に戻る。先程も無人だったが今も居ない。そこでアンジェラスがタバコを吸う為に火を点けるのを待つが、すぐに追い付くだろうと考えて、歩き出す。バス道路までは来た時のその轍道の一本道だ。

歩きながら振り返るがアンジェラスの姿は見えない。彼の家は飛行機の在った処よりさらに木立ちの奥ということだから、わざわざ再びこちらを送って来ることもない。その方がこちらも気楽だったが。

ヤボブ村、日本人慰霊碑

バス道路には十四分後に出る。ここからは来た時降りた分岐路に行けばいいが、すぐ先にある橋の処で、車はスピードを緩め、一旦止まるようにしている。どうやら少し段差があってスピードを出したままでは通過できないようだ。それを知って、橋を渡った処で待つ。ＰＭＶでなくてもスピードを緩めた車はこちらを見て、興味のある者は止まってくれるだろう。

そしていい具合に待って一分後、最初に来た車に手を上げると止まってくれる。ＰＭＶのようなボンゴ型車だがプライベートな車だ。運転手と助手席に一人、そして後部席に一人、男が居る。

「タウンまで便乗させてくれないか？」

「ＯＫ」

こちらの顔を少し見た助手席の男は了承してくれる。九時五十分、そこを発つ。

一旦、アレクシスハーフェンの村中へ。そこへの三叉路を左に入って一分程走って、後部席に坐っていた男をその工場の内庭のような処で降す。

そしてＵターンしてマダンへと向かう。たまたま乗った車がアレクシスハーフェンに行って、その村も少し見られてラッキーだった。

車は同五十八分、村を出る。あとは一本道、マダンの町中まで進む。暢びりと平和そうな光景の中を進んで行く。

十時二十二分、町中の郵便局前まで送られる。ちょうどいいので、そこに入って切手を購入する。六十五ｔを五枚。今日はその額面の切手がある。切手を手にしたので、次は絵ハガキを求めるべく昨日の店屋へ行く。再び十枚購入する。

そして、ヴィッキーのBPガソリンスタンドへ行く。彼女はこちらを認めると笑顔を作る。

「行って来た？」

「はい」

「どうだった？」

「良かったですよ。ありがとう。そして次はヤボブ村へ行きたいのですが、バスはどこか知っていますか？」

彼女は今回はすぐにそこを離れて、こちらを従えてそのバススタンドへ行ってくれる。それはマーケットに面する歩道に向けて斜めに駐まるPMVの車の群れだ。

彼女はそこに居る車に当たってくれるが、ヤボブ村は通るが、その日本人慰霊碑を知るドライバーは居ない。幾台もの車に声を掛けてくれる。

同じような車に声を掛けること七分、やっとその助手の男がそこを知る車に当たる。ヴィッキーは、〝OK〟と目で合図する。

「この車がその場所を知っているから。そこへの入口で降ろしてくれるよう頼んだから、これで行って下さい」

「ありがとうございます」

こちらはそのバスに乗り込む。満席とはなっていないが、八割方は埋まっている。

乗り込むとすぐに出発する。十時五十分になっている。

五分後、先程右折したノースコーストへの道には曲がらず直進する。そしてそこからほんの少し走って止まる。まさかこんなに近いとは思っていないので、不審気に助手に問うと、

「ここだ」

そして、

「ここは教会付属の学校だが、ここを抜けて行けば日本人の慰霊碑はある」

「……」

「ほら、あの校舎の脇を通って、その後方へ進めば、それはある」

こちらは指差された方向を見るが、不安で仕方ない。というのも、もしかしたらここは私的な敷地であり、そんな処を勝手に横切って行っていいのかどうかで。また判然とし得えぬルート故に進むのを躊躇《ためら》わせた。

しかしとにかくその内へ入って行く。そこを行けば、あると言うのだから。判らなければその辺に居るだろう、人に尋ねれば良い。

十メートル程行くと、後ろで声がする。バスの助手が呼んでいる。バスはまだ発車していない。何か、戻って来い、というような仕草をする。こちらはどうなるのか判らないけれど、呼ばれたので戻って行く。

「乗って」

どうやらもっと近くまでこのバスで連れて行ってくれるようだ。他に客は居るが、ルートを外

ヤボブ村，旧日本軍慰霊碑

れてもこの国の人の常で誰も文句は言わない。こちらにとっては有難いことだが、何となく申し訳ないような気もする。

バスは戻るようにして、途中から脇道に入って行く。アスファルト道から外れるから、デコボコとなる。そして上り道ともなる。

走ること二分で、その入口の、ほんの近くに着く。そこまで行ってくれたのだ。

「この道を行けば右手にある」

と言って助手はこちらを降ろす。料金は四十tのままだ。先程下車した時に払ったそれで、改めて「払え」とは言わない。

バスは来た道を戻るでもなく、そのまま進んで行く。どこかで元の道と合流できるのだろう。

ここからは歩いて二分で、その碑の処に着く。日本人誰も居らず、ちょっと淋しい気もする。日本人以外には当然訪れる者もないだろうから、こうであっても仕方ないのかも知れない。

碑に着くと、少しして一人の現地人の若者がやって来る。彼は別にそこに用がある訳ではなく、ただこちらに連いていたいだけのようだ。煩わしいが、好意を無碍に断ることもできない。こちらにも現地人に対する後ろめたさがあったから——都合の良い時だけ頼りにするという。

十分そこに居て、来た道を戻る。男は連いて来る。

そしてこちらが行こうとする先程バスが来た方向《ほう》を、

「違う」

と言って、道を外れて草地の中に出来た人のみが歩ける土道に入って行く。どうやら近道のようだ。一〇〇%信じてはいないが、まさか襲ってくることもあるまいと思って随いて行く。

三～四十メートル程の草地を横切ると、民家が現われる。その脇を通ってさらに進むと、車も通れる道に出る。そこを右に進んで、暫く行ったT字路を左折する。右からの緩い下り坂となっていて、一分も歩くとバス道路に出る。碑を出て十五分が経っている。確かに一人では、村人に訊きながら行かなければ、そこには着かないだろう。

全くの運

バスは二分待つとやって来る。道案内してくれた男は、本当は何がしかの金が欲しかったのだろうが、何も与えない。こんなことで金が稼げると思わない方がいいと考えるからだ。それがこちらのやり方だから諦めてもらうしかない。ましてここでは彼が勝手にやったことだから。何もこちらが頼んだことではないのだから。

バスは十分で町の郵便局前に達する。十一時四十分。すぐ近く、ニューギニア航空の斜め前にあるカイバーに入って、ピラフに魚フライ二尾で食事とする（二K）。それにコーラを飲んで。

この町で初めてのカイバーでの食事、いやこの国に入って初めて、その店内で食する食事だ。味は充分満足のゆくもの。日本人には合う味だ。

現地人従業員とは別にアジア的風貌の二十歳代の男が居る。態度からオーナーだとすぐ判る。

『中国人か』

と考える。

二十分後、食事を終えたところで、店内の写真を撮らせてもらおうと、従業員に言うと、

「オーナーに訊かないと」

と言って、その中国人風の男の処に行く。

奥に引っ込んでいた彼は出て来ると、こちらを見て、

「いいよ、問題ない」

撮ることを許可してくれる。カイバーのカウンターと、そこに居る従業員を入れて撮る。

カイバーのカウンターと従業員

オーナーにお礼を言いがてら、少し話す。彼はフィリピン人だった。と言っても肌は白く、その容貌から中国系に違いない。こちらに、

「仕事で来ているのか？」

と訊く。

「違う」

と答えるが、

「この店とは別に輸入の仕事をしているから、あなたの名刺があったら、くれないか？」

しかしそのようなものは持っていないので、そう断って、店を出る。日本人のその名刺が役に立つことがあるのかも知れない——概して発展途上国では日本人ビジネスマンの名刺を欲しがる傾向がある。

店を出ると、真っ直ぐヴィッキーのガソリンスタンドに行く。お礼を兼ねて報告しなければならない。

ヴィッキー（手前坐っている）とガソリンスタンドの従業員達

彼女は今は個人用の灯油を入れる係をしている。こちらを見ると、やはり少しテレて、微笑む。その姿を写真に撮る。

ポリタンクを持つ客の相手を、男の従業員に代わってもらってこちらの側に来る。

「今撮った写真を送るから、名前と住所を教えてくれる」

彼女はオフィス内にある領収書の裏にそれを書いてくれる。彼女だけでなく、

「スタンドの従業員みんなを撮りたい」

と言うと、

「男三人、女二人の五人」

彼らにちょっと仕事の手を休めてもらって、並んでもらう。その時スタンド建物内の売店に居た女の従業員も一緒に入りたいということで、計六人となって、シャッターを押す。それぞれが笑顔でこちらに対してくれる。たった写

真を撮るだけのことで、コミュニケーションが上手くゆくなら、こんな容易いことはない。

明日ウエワクへ行くことを伝えている。と同時に、二十一日にまたマダンに戻って来ることも。

それで、

「二十一日にまた、ここに来ますから」

そう言って、別れを薄めようとする。

こういう娘さんがたぶんどこの国にも居るのだと思う。ただそんな人とめぐり逢うかどうかは全くの運なのだ。たまたまここでは知り合えて、そのことを幸運と思うべきなのだろう。

少し気持ちが穏やかになって、宿へ戻る。宿への道も、もう地図を見ずとも歩けるようになっている。


夕方五時過ぎまで、宿に居る。続きの絵ハガキ書きをしていて、これだけの時が経ってしまう。

五時十六分、宿を出る。五時を過ぎてしまえば大方の店は閉じている。それは分かっているが……。

閉まっている郵便局の、しかしポストに投函して、そして昼食を摂ったフィリピン人の食堂へ行く。

当然に閉じている。たぶん、夜間に店を開けることは危険だからだろう。どの商店も扉を閉じて人の気配は感じられない。

何か食物がそれでも必要なので、マーケットを目指す。昨夕の店が開いていれば良いと思って。

郵便局から早足で歩いて三分で着く。

いい具合に三つのうちの一つの扉だけは開いていて、まだ客を入れている。しかし昨夕のピラフはなく、おかずとしてのソーセージ三本と、肉片を買って宿に戻る。幸い、ポートモレスビーで買った食パンが残っている。

宿には暗くなり始めた五時五十分に着く。それなりに充実した一日が終わる。

昨夜まで居たデンマーク人と、昨夜のみ居た現地人も居なくなっている。代わりに別の現地人が来たようだが、荷物も大して置いてなく、部屋に居ることもないので、どんな人か良く分からない。

部屋でそれらの夕食を摂ると、明朝の早いことも考えて、八時前には眠りに就く。こんな一夜があっていい。

ウエワク

マダン→ウエワク

翌朝、予定通り五時に起床する。

昨夜伝えていた「六時に食堂に行く」と言うことを実行すると、すでに女の係の人が居て、朝食の用意をしてくれている。昨日、彼女の写真を撮っていたことがこのようなサービスにつながったのだと思う。

内容はいつもと同じものだが、通常は七時開始のところを一時間も早くそれを用意してくれたのだから、やはり好意というものだろう。

一通り食べ終え、コーヒーを飲んでいた同二十三分頃、オーナーの婦人がやって来る。昨朝のデンマーク人を送って行った婦人だ。六時半という約束に、ほぼちゃんとやって来る。

そして食堂の外を見ていると、彼女の運転する宿の車が玄関脇に付けられる。早速リュックを取り上げて、食堂を出る。係のおばさんに別れの挨拶を言って。

同二十八分、宿を発つ。まだ早いこともあって、擦れ違う車も少ない。

空港には九分後に着く。建物内に入り、早速チェックインをする。いい具合にそれは受け付けられる。予定通りフライトはあるようだ。一安心する——欠航も充分予想されたので。

ロビーで待つ。三十人近い客がベンチに坐っている。そしてその数は時と共に増えてゆく。ウエワクへ行く客だけではないかも知れない。日本から持参の文庫本を読んで時を送る。

七時二十分、搭乗への外への待合室の扉が開く。早目にそこに並ぶ。扉口から歩いてそれに乗り込むことに変わりはない。同二十三分には搭乗している。今回はポートモレスビーからの時のように夜の便ではないので、気持ちに余裕《ゆとり》がある。

八時十七分、エア・ニューギニア１２８便はウエワクに無事着陸する。三十分程のフライト。降機は同二十三分。座席が前から六番目ということもあって、早目に降りられる。

そして国内線故に何のチェックもなく、それはまるでバスターミナルに着いた感じで、機場から外へのゲートを出ると、もうそこは駐車場だ。

宿への道を取るべくそこに居るおじさんにＰＭＶ乗り場を訊く。

そしてそこに向かってちょうど歩き出そうとした時、黄色の小型車が目の前の駐車スペースに止まる。こちらがそこを離れようとすると、運転席から降りて来た帽子を被る白人が、

「どこへ行くのか？」

と訊く。

ウエワク空港前の駐車場，ラルフ氏（左から３人目）とその車（左端）

「ラルフの家ですが」

「ではあなたはスズキか？」

「はい」

「OK、この車で行こう」

　その彼がラルフ氏本人だった。いくらか、『空港に迎えに来てくれるかも知れない』という思いはあったが、そうでなくても仕方ないと思っていただけに、この幸運を喜ぶ。そして、あと一分彼の到着が遅れればこちらはPMVのバス乗り場へ向かっていただろうから、その偶然も喜ぶ。もう何の不安も抱くことなく、時を送れる。

「少し待って」

　と言って、彼は一緒に来た現地人の女の子二人と出口ゲートの方へ行く。他にももしかしたら、予約した客が居るのかも知れない。

　しかし一分もすると戻って来る。私は運転席後ろの二列目の座席に坐る。女の子——一人しか乗り込まない——は荷台の方に坐っている。確かに助手席には荷物が積んであったし、私の列には私のリュックを置いてある——ラルフ氏は、そうしろと、リュックを荷台に置くことを認めなかった——ので。

ラルフ氏

八時三十一分、空港を離れる。車は動き出す。

「これから三つ四つ、町で用事を済ましてから家に行きますが、それでいいですか？」

こちらに反対する理由は何もない。このまま一緒に居れば、自然にその宿に着くのだから。——ラルフ氏は実に親切に町への道すがらにある建物や公園、その他の施設や観光ポイントを説明してくれた——。

三分で宿への曲がり角に達する。

「家に行く時はこの道を曲がって行く。しかし今は町に行きます」

と言って直進させる（左に行くとそこに達する）。

さらに三分走ると消防署への角に達する。そこを右に曲がって、次の角も右に曲がって、同署前を通る。その先のコーヒー倉庫の処を左に曲がると右側にある車修理工場に入って行く。

どうやら今乗る車の調子が悪いようだ。と言ってもこれは見るからにそうであって、日本なら

ヘッドライトが一つしかないラルフ氏の“いすゞ”車

全く路上を走れるような状態のものではない。ヘッドライトがそもそも一つしかないのだから（あと一方には球もそれを覆うレンズも入っていない）、それだけでもうアウトだろう。一応日本の「五十鈴《いすず》」の車だが、今時日本でいすゞの小型車なんか、お目にかかれないから、何年前の代物か。たぶん三十年も四十年も前のものだろう。しかしこの国では全く違和感がないから不思議だ。十五分でそこを出る。

「今日（金曜日）やるには時間がかかるので、来週月曜日に改めて来て、ここに入れる」

この国は土、日は仕事しないので今日預けると二日間、車がない状況となってしまうので、月曜にしたようだ。修理自体が簡単なものではないからだ。

消防署前を通って、元の道に戻ると右折し、Boram Road《ボラム通り》に突き当たってやはり右折する。

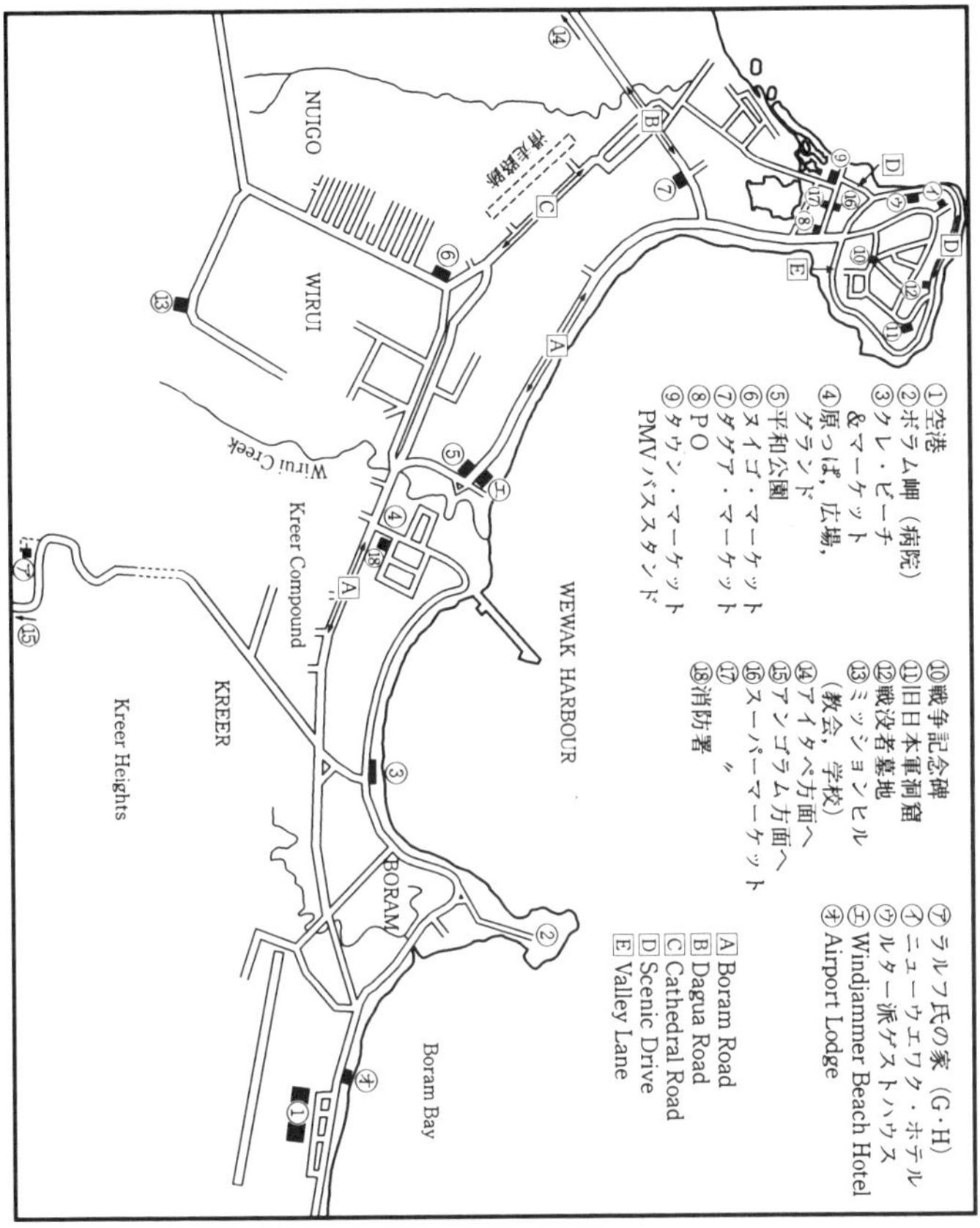

①空港
②ボラム岬（病院）
③クレ・ビーチ
＆マーケット
④原っぱ，広場，
グランド
⑤平和公園
⑥ヌイゴ・マーケット
⑦ダグア・マーケット
⑧PO
⑨タウン・マーケット
PMVバススタンド
⑩戦争記念碑
⑪旧日本軍洞窟
⑫戦没者墓地
⑬ミッションヒル
（教会，学校）
⑭アイタペ方面へ
⑮アンゴラム方面へ
⑯スーパーマーケット
⑰〃
⑱消防署
㋐ラルフ氏の家（G·H）
㋑ニューウエワク・ホテル
㋒ルター派ゲストハウス
㋓Windjammer Beach Hotel
㋔Airport Lodge
A Boram Road
B Dagua Road
C Cathedral Road
D Scenic Drive
E Valley Lane
NUIGO
WIRUI
Wirui Creek
Kreer Compound
KREER
Kreer Heights
WEWAK HARBOUR
BORAM
Boram Bay

ウエワク市内図

そしてWirui Creekを越えて道なりに右に進んで行く。

少し行くと右手に“Windjammer《ウィンジャマー》 Beach《ビーチ》 Hotel《ホテル》”が見えて来る（これもラルフ氏の言で知ったことだ）。そこを過ぎるとウエワク港の海が右に広がる。同通りは海岸に沿う通りとなる。

次は郵便局に行く。「ウィンジャマー・ビーチ・ホテル」から一分も走れば、そこに達する。目の前はその通りを挟んでやはりすぐ海であり、目を左に転ずれば、登り坂となって、日本人経営の“New Wewak《ニューウエワク》 Hotel《ホテル》”へと通じている。

こちらは乗ったままラルフ氏の戻るのを待つ。手紙を出して、それから私書箱《メールボックス》から届いている便りを引き取って来る。

九時二分、そこを出る。次にボラム通りを戻り、Dagua《ダグア》 Road《通り》を右折して、ダグアマーケットへ行く。買い物をするようだ。ラルフ氏の買い（たい）物リストを持って、姪という女の子——ヴィッキー、とこの娘もいう——がマーケットに入って行く。現地人の彼女の方が白人のラルフ氏より買い物は容易だろう。ビニール袋に入れたそれらを、十二分後に持って戻って来る。

そして次はウエワクの中心のマーケット——ＰＭＶの発着場のあるTaun《タウン》マーケット——辺に車を止める。やはりヴィッキーにそこでの買い物を頼み、ラルフ氏自身は犬のエサの肉を買いにいつも行っていると言う中国人経営のスーパーマーケットに入って行く。こちらも随いて行く。町中を歩いて見る意味もある。

スーパーマーケットの裏口に行って待つが、少しして内から戻って来た時にも、彼の持って行

ウエワク，戦争記念碑

ったバケツの中には何も入っていなかった。通りを隔てて前にある別のスーパーに入り、やはり建物内を抜けて裏口に出て、少し離れてある肉解体用の建物の中に入る。別のスーパーだが経営者は同一の中国人のようだ。

犬用の肉はしかしここにも今日はない。バケツを預けて引き返す。ラルフ氏はピジン語もペラペラで現地人とは普通に交流している。

ヴィッキーの戻って来るのを待って四十分後、そこを発つ。しかしヴィッキーは荷台には乗らない。彼女は自分の用があるらしい。代わって男の人が三人と、そのうちの一人の連れの子供が（孫のようだ）一人乗り込む。どうやら彼等の家のそばまで送って行くようだ。

ラルフ氏はマーケット前から坂を登って行き、戦争記念碑の白い三角錘の立つサークルを左方向に行った一軒の民家の前で車を止める。

そこに携えて来た新聞を持って入って行く。

十分かそこらで戻って来るものと思っている。特に車に残された私たちに何も言っていかなかったのだから。しかし二十分経っても三十分経っても戻って来ない。荷台の男たちにそのことに対する声は何もない。

結局五十分余、経ってやっと彼は民家から出て来る。この辺がラルフと言えども白人だ。ちょっとこちらには解らない感覚だ。現地人を待たせることには何の痛痒もないようだ。ただ、戻って来た時にはいくらかのエクスキューズはあったが。

ラルフ氏の家

十時五十八分、そこを出て車をこの丘の先端に走らせる。それはこちらの為にである。日本人の経営する「ニューウエワク・ホテル」前の小広場に止めて、ビスマーク海を眺望する。Muschu《ムシュ》島やKairiru《カイリル》島の島影を望む。そしてまた、ほんの少し離れた処にある旧日本軍の掘った洞窟を見る。ラルフ氏が案内してくれているのだ。

七分後、その高台小広場を出て、二分走ってあるやはり旧日本軍の作った防空壕跡を見る。彼はその壕内がどうなっているか説明してくれる。今は雑木で覆われていて、道からはそれだとは気付かない程になっている。その入口も十数年前までは整地されていて、そこから内部にも入れ

木彫りのマスク

たが、しかし今は逆に誰でも入れるようにしたことで、中にあるライトやそれ等を維持する為のものが盗まれて、荒れ果ててしまったと。それからはこのような荒廃の状況になったと。成程案内人が居なければ全く気付かない程に木立ちの中に隠れてしまっている。この成り行きもこの国を物語っている。

この間荷台の男たちは大人しく待っている。こちらにはいくらかの申し訳なさもあるが。

十一時十三分、そこを出て丘を下り、ボラム通りに戻り、ダグママーケットへの道を右折して、荷台の一人の男の家へ行く。

七分後に着いて、彼は下車すると、車道から少し引っ込んである家に行き、すぐに戻って来る。手には木彫り《カービング》のマスクを持って。そう彼はラルフ氏にそのカービングを買ってもらう為に、ずっと車で待っていたのだ。商売の為にはいくらでも待つということ。

縦径三、四十センチ程の黒い面を一つ十Kで二つ求めて、そこを後にする。荷台には初老の男とその孫のような少年しか残って居ない。あと一人居た男はこちらの知らぬ間に下車している。

荷台の二人はラルフ氏の家への道を曲がる少し手前のボラム通り上で下車する。初老の彼は片言の日本語を話した。一九四二年から四五年まで日本が統治していた時、小学生で、学校で習ったと言う言葉をいくつか忘れずにいて。彼は日本人に悪い感情を持っていないようだった。

私とラルフ氏のみとなった車は走り、ＰＭＶの町内バスの終点、Kreer《クレ》 Heights《ハイツ》を経て、彼の家に着いたのは十一時五十分になっている。

予想よりいくらかワイルドな家。ポートモレスビーやマダンと違って、〝山小屋〟、あるいは〝ユースホステル〟といったような宿舎。

もう今日はどこにも行かない。どこにもここからは歩いて行くのは困難なようだから。確かに〝この町は休息の為の町〟、としたのだから、それでいいと思う。彼の作る昼食を頂き、二段ベッド二つの四人部屋に入って休息する。

夕食はこちらが日本人ということで、米を鍋でごはんのように炊きあげ、皿に盛り、そこに各種野菜を煮込んだものを掛けて食べるというもの。日本で言ったら何と言えばいいのか。カレーライスにカレールーが入っていないもの、と言えば分かり易いかも知れない。これはしかし正真のニューギニア料理だ。味付けが違うだけで、ごはんに煮込んだものを掛けて食べるというのは、当地人の一般食だ。

この家にはラルフ氏の他に、その娘という十四、五歳の子とそのイトコのヴィッキーが居る。しかし彼女等はラルフ氏と全く一緒に食事しない。不思議だが、一緒にそれを作りもしない。食べる物は完全に分けられている。こちらはラルフ氏の作ったものを食べる。

そのことにいくらか申し訳なさもある。つまりその食事作りを何も手伝わないからだ。年上の彼に作ってもらうのは、いくらこちらが客だと言っても気が引けるものだ。しかし頼まれもしないことを出しゃばって何かするというのも躊躇われて。その出来るのをただ部屋で待つ。

昼食は二時過ぎに、食パンとバターにジャム、そしてコーヒー、バナナというもの。代金は二Kというものだから、当然だろう。そして白人の食事だから、パンが主食になっていることも。

昼食から夕食までの間、こちらは与えられた四人部屋のベッドで過ごす。客は私一人なので気楽だ。ベッドと言っても木のそれに六センチ程の厚さのマットレスが敷いてあるだけのもの。ラルフ氏は少しするとシーツ二枚と薄手の毛布を持って来てくれるが、たぶんこれで充分だと思う。夜中寒くなったら、その時に考えればいい。

ずっと休息している。書き物をしている。このような時間がなければ、全く書くことはできない。

夕食は八時近くになって、彼と二人で食べる。食後はここに泊まった人が書いたノートを見せてもらう。多くのイスラエル人が来所して書いている。そしてヨーロッパ人、アメリカ人。日本人も数人、それは十人に満たない数だが記《しる》している。

ノートは一九八六年から始まっている。そのほとんどがSEPIK《セピック》川を動くことに関するものだ。このウエワクの町に関するものは全くと言っていい程ない。ここを訪れた者は、その大半がセピック川流域を訪れ、カヌーで旅するようだ。そのことに関するそれぞれの体験からの情報が記されている。

十数年前のことから今年に入ってからのものまで。しかし、こちらはそこを訪れないので、熱心にメモすることもない。

日本語で書かれたものが当然、目を引くし、記憶に残るものとなる。

女三人で来て、セピックで楽しい時間を過ごしたと書く者。あるいは以下は男性のものだが、流域の各村の情報を丹念に記す者。また一九九一年、この宿にラスカル（＝強盗団）が入った一週間後に訪れて、その顚末を聞いて書き記した者。さらに別の旅行者だが本人がＰＭＶトラックバスで移動中、ラスカルに遭って荷物を強奪されてしまった者（その体験談を）等々いろいろだ。

またこの国にも青年海外協力隊員が来ていて、「休暇を利用してウエワクに来た」と、ALOTAU《アロタウ》の学校で日本語を教えている者のメッセージもある。

こういうノートを見ると色々な旅行があると知らされる。そしてその、どれものような旅をしたいと思う。しかし身体は一つしかなく、そのどれをも、と思えば〝キリがなく〟、そのキリがないを諦めの言い訳とする。そう自分を納得させる。逸《はや》る心を押し止《とど》めるのはそうする以外ない。

これはアフリカでも、中国でも南アメリカへの旅行でも同じだった。だから今はもうそのような情報を読んでも比較的、平静でいられる。できないことはできないのだから。

ただたぶん、もっと若く時間が全く自由であったら、セピック川流域を小まめに回り、そしてこの国からイリアンジャヤ（インドネシア）へと国境越えを試みるだろう、と間違いなく思う。

ラルフ氏は夕食後、「日本の放送が入る」と言って、ラジオのチャンネルを回し、それの入る処に微妙に調整してくれる。しかし当初は中国語放送を捉えて、

「ジャパニーズ？」

こちらが「ＮＯ」と言うと、さらに目盛りを回して、音を拾う。

次のそれは日本語だった。野球放送で結構鮮明に聞こえた。中日と横浜の試合だった。

十時（日本時刻は九時）過ぎに、ニュースになる。大きなニュースはなかった。関西方面の製菓工場から出荷された品物に大腸菌が見つかり、すべてに回収命令が出されたというものと、心臓移植された患者が退院したというニュースだ。それ等を伝えて、再び野球放送に変わる。

十時半過ぎ、部屋に入って眠りに就く。明日はこの町に進駐した旧日本軍が連合国軍の上陸にあった際、戦闘の場として選んだジャングル内の道を歩く。ラルフ氏がそのアレンジをしてくれていた。こちらがセピックに行かないことを告げると、そのツアーを紹介してくれたのだ。こちらも何もしないで時を送りたくはないと考えていたので、それを受け、頼んだのだった。そのガイドに話が通じていて、朝六時に迎えに来ると言う。

いくつもの日本軍の品々がこの町のブッシュ——ジャングル——にはまだ残っている。放置されたままだと言う。そこを回ることも確かに興味深い。ラルフ氏の話では、そのトレイル（回遊）は二時間程だと言う。その後タウンに出てからＰＭＶで戻って来れば良いということだった。

「土曜日は午後一時を過ぎるとＰＭＶのバスは少なくなるから、それまでに戻って来た方が良い」

と忠告してくれていた。それに従って明日は動くことにする。

ブッシュ・トレイル①——二人のガイド

翌朝、五時にセットした目覚しが鳴る。目を醒ますが、まだ外は暗い。ベッドに入っていると隣の食堂で物音がし出す。ラルフ氏が起きたようだ。彼は、

「六時には起きる」

と言っていたから、起き出したのだろう。こちらも、まだ薄明かりだが、起床して、トイレをし洗面する。

六時三十分に朝食を——それは昼食と同じ、食パンにバター、ジャム、コーヒー、それにゆで玉子が付くだけのものだが——摂り、それを終えると、外へ出る。もうすでにガイドの男は来ていると言う。現地人の起床は四時とか五時とか、ひどく早い。つまり夜も、八時か九時には寝てしまうから、そういうことになるようだ。夜を楽しむ遊びなど、まだこの町にはない。それが人

間的な生活と言えば言えるかも知れない。

七時十三分、宿を出て、バス通りへの坂を降り、ラルフ氏が声を発すると、そのガイドが脇のブッシュから現われる。

「これがガイドのトニー」

ラルフ氏はそう言って、紹介する。私はトニーと握手して挨拶する。彼は三十歳位か、もう結婚して子供も二人居るというから、それ位にはなっているだろう。

同十六分、ラルフ氏と別れてトニーと、そして一緒に連いて来た現地人の子ども二人と共に町とは逆方向に歩き出す。

三分も行くと、右に道がある。そちらの路上に女が三十人程坐っている。

「町に行くバスを待っている」

トニーは言う。当初マーケットかと思ってそう問うと、そのように返って来たのだ。町へ出て、そこのマーケットで携える品物を売るのだ。

そちらへと折れて彼女等の前を通り、緩い勾配の坂を登って行く。まだ車が通れる道幅のある道だ。民家が先にあるのだろう。

右折して六分歩くと、左に道より少し高くなった処に建物が現われる。

「ミッションだ」

とても教会には見えないが、教会《そう》のようだ。誰も居ない。何かがある時にだけ使われる建物の

緩い坂道より少し高い処に建つ，ミッションヒルの民家

ようだ。少し離れた処に葉で葺いた現地式の小さな建物がある——後にラルフ氏が教えてくれたが、これは貴賓席、「エライ人が坐る処だ」と言う。

そこを通って少し行くと、左側、道より二・五メートル程高い処に民家が四つ五つ建つのが見える。現地風の造り。そこから子どもが見降ろしている。そこを通って行くと、教会から九分後の七時四十三分、右の草むらの中に錆ついて朽ちた bomb（不発弾）がある。米軍が落としたものか、それを写真に収める。

「ここからこのブッシュの中に入って行くが、いいか？」

トニーは問う。当然OKする。いよいよブッシュ・トレイルになる。その少し前、バス道路を右に折れた処にもう一人のガイド、ロビンが居て——彼はまだ十四、五歳の少年だが、手には大きな山刀（以下「ナタ」と呼ぶ）を持っていて、彼がブッシュの雑草、雑木、小枝を刈って先を進んで行くと後《のち》に知る――、三人でそこに入って行く。

このトレイル行には相対《あいたい》する二つのルートがあった。一つは先にトレイルを行ってタウンに出て、戻って来るというもの。もう一つは、先にバスでタウンに出て、それからトレイルを歩いて宿に戻って来るというもの。私はたぶん前者なら下りが続くだろうと思い、それに最初にトレイルを歩いた方が良いと思い、前者を選択する。これは結果としてやはり良かったと思う。確かにそのほとんどの行程は下り気味だったからだ。

ブッシュ・トレイルの道

十分も歩くとトニーは、

「ここがこの丘の頂上で、あとはダウンが続く」

狭い杣道、ケモノ道様のブッシュの中を進んで行く。

トニーはよく色々なことを説明してくれたが、彼の英語もちょっと混み入って来ると解らなくなる。すべてこちらの英語力の無さによるのだが、彼はそんなことお構いなしに話し掛けて来る。

八時十三分、鬱然としたジャングルの中でトニーは言う。

「ここが日本軍が敵を迎え受けて戦った処だ」

今は木々が生い繁り、前方は枝や葉越しにしか、海は見えない。こんな処で敵と渡り合ったと思うと、戦争の苛酷さを今更ながら思わざるを得ない。

ロビンがナタで雑木・雑草を叩き切り、刈り切って進み、トニーが続く。

二人は頭を上げて木の先方を見る。何やら動物が居るようだ。パチンコを手にして、打つ真似をする。それで鳥や小動物を打ち落とすと言う。私には何も見えないが、彼等の視力は大変なものだろう。この国ではあまり眼鏡を掛けている人を見かけない。もしかしたら、視力は悪くても眼鏡を買えずにいる人も居るかも知れないが。

八時二十八分、旧日本軍の水タンクが木立ちの中にある。ガイドが付かなければ、見落としてしまうに違いないような処にある。それ程大きなものではない。

八時三十七分、トニーが道を行き過ぎて、

「この崖の下にトラックの部品がある」

行き過ぎたが、後ろから行くこちらの処に戻って来て、そう言い、それを見せる為に三～四メートル崖を降りて行く。そしてそれを「重い」と言いながら担ぎ上げて、こちらの傍に落とす。

旧日本軍の車の一部分と，それを見るトニー

何やらの動力輪だ。どこやらの回転軸の一部だ。錆ついたそれは回りはしないが確かに車の一部分だったものだ。手で動かそうとするが、かなり重い。こんなものを「重い」と言いながらも斜面から引き上げ、担ぎ落とす彼の力に感心する。風体からもそうだが、実際トニーにはかなりの膂《りょ》力がありそうだ。それにしても客にそのような気遣いを示す彼をいとおしく思う。

一見ひどく人相の悪い男だが、案外善人なのかも知れない。と言っても、十五歳から三年間何か悪いことをして刑務所《プリズン》に入っていたと自分から言っていたが——翌日ラルフ氏にそのことを問うと、十八歳以下なので、「プリズン」ではなく、日本で言う処の「鑑別所」みたいな処だったようだ。

折角引き上げてくれたので、それを写真に撮る。六分後、そこを離れる。道は踏み固められてあるが、ひどく狭い。こんな処を旧日本軍は行進して行ったのだと思うと、「ニューギニア戦線はジャングルだった」

という言葉も頷ける。今以上にもっと深い木立ちだったかも知れない。海が見えるにせよ、山中を動くということはかなり体力の要るものだ。蚊や蝿が居るであろうし、当時ではこのような道さえなかったのかも知れないのだから。

ブッシュ・トレイル②——入骨

八時五十三分、「戦闘をした」と言う径五～六メートルの穴のいくつも空く処を通る。

そしてさらに少し行くと、いくらか木立ちが切れ、右方の木にパパイヤの成るのを見つける。トニーがロビンを促す。彼は当初木に登ろうと取り付いたが、ちょっと試しに揺《ゆす》ると、熟し熟《う》れたそれは自然に落下した。それをロビンはうまくキャッチし、トニーに渡した。

トニーは小振りのナタを持っていて、それを器用に使って皮を剝《む》く。縦に四分の一にし、こちらに一つくれる。パパイヤはアフリカ以来ひどく好きな果物になっている。マンゴーとパパイヤは私の中ではアフリカとすぐ直結する果物だ。

九時六分、食べ終えて歩き出す。六分後、この国の民族楽器「カラモット」を作る大きな幹の木の脇を通過する。この辺りから、

「ホー、ホー」

と啼く鳥の声が聞こえる。

「何か?」

「パラダイス・バード（極楽鳥）」

あの有名な鳥がここにも居るのか、と少し感動する。後《のち》にトニーは極楽鳥がカラフルなのはメスだけで、オスは、

「ただの鳥さ」

九時二十八分、一つの丘（山）を越え、「次の丘とのボーダーに達した」とトニーは言う。こちらはそこを、僅かに高低があった、としか思わなかったのに。確かに彼はこの辺の地形に精通している。ラルフ氏が紹介してくれた男だから間違いはないのだろうが。しかし、

「トニーはベストな人材ではない」

ともラルフ氏は語っていた。

「トニーの兄の方が英語も良く話し、インテリジェンスな男だ」

だが、こちらにはトニーの英語で充分だったが。

同三十分、少し広場となっている処に出る。いや〝広場〟なんて言えない。ただ杣道ではなくなった処に、径五メートル程の、崖に面した〝空地〟があるというものだ。

トニーはそこの崖をまた少し降りると、ビール壜のような茶色の壜を拾って来る。そしてその

汚れを手で拭い取って、そこに凸された文字をこちらに見せる。

〝キリンビール〟

カタカナで書かれてある。しかし今と違うのは、その文字が右から左回りに記《しる》されていることだ。ここで日本軍の誰かはそのビールを飲んで、一時酔いに身を任せたのだろう。ビールが持ち込まれていたのが今の私には少し不思議だが、トニーの話では「日本のワイン（日本酒）も別の穴にある」と言うことだから、結構アルコール類も持って来たのだろう。そのようなアルコールが飲めたのはまだ戦局も悪化していない頃のことだろう。

九時三十八分、そこを出る。そして四分後、車の部品のある処を通過する。これはジェネレータだろう。

さらに三分後、ロビンが枯草の中から何かを拾い上げる。

「bone《ボーン》」

確かに近寄って見ると人骨だ。二十四、五センチ程の、大腿骨の一部のようだ。両先端は割れて欠け、中は空洞となっている。

このようなものを拾って、日本に持って帰るべきか迷う。ここにあるのだから、日本人の骨にほぼ間違いないだろう。しかし遺骨収集団でもない者が、勝手に持って行っても良いものかどうか。

ロビンは、

〝持って行ったら〟

という表情をするが、私はやはり、それをそこに置いて合掌して後にする。もし持って行っても、どこに届ければいいか判然としないし、どこかに届けても、その説明はあまり楽しいことではなかったから。ただ置いて行くことに対しても、いくらかの後ろめたさはあったが。もし自分がこのようになった場合、やはり日本に持ち帰って欲しいと思うような気がして……。

鬱蒼と繁るジャングルの中をさらに進む。十時三分、飯盒が変形して落ちている。使えるものは現地人が多くを持っていってしまったと言う。従って今ここにあるのは、使いものにならないものということになる。この飯盒もほとんど何の役にも立ちそうにない。

多くの木々が植生している。熱帯にある木がある、と思っていい。

「ビロナッツ」

トニーは言う（のちにラルフ氏は「ビーターナッツ」と言った）。ビンロウの木だろう。ヤシに似ている。他にも「セイゴ」があり、オレンジ色の花を咲かせる「スティッグマーシス」が多くある。スティッグマーシスはトニーに言わせると、日本軍が持ち込んだことになっている。真偽の程は判らないが、ニューギニア原産ではないようだ。他に椅子の原材料となる「カンダ」の木。そして、バナナやパパイヤが。

十時三十三分、道の傍に、スチールの一メートル四方の枠に、何やらのスイッチみたいなものがいくつも付く、それを見る。トニーとロビンが文字の書いてある処を見せる。

「電信」

とかの漢字が読める。通信機の一部だったもののようだ。これを使って遠方の味方と情報の交換を遣り合っていたのだろう。一分で後にする。

しかしここからは、細いながらも続いていた杣道が無くなり、トニーの指示でロビンが枝や草を切り刈って、進んで行くことになる。こちらもそれに従って行く。ここまでもかなりきわどい処を通って来てもいた。靴の幅しかない崖道がいくつもあった。倒れた大木の幹を乗り越える処もあった。道を作って歩くことに問題はない。まさにその日本軍の行進のようだ。

五分後、先方に民家が見える。しかし、その周りに人影はない。少し先にもう一軒。二軒だけの集落のようだ。その脇を通って行く。

四分後、「カカオの木」の下を通る。その二軒集落から後《あと》はジャングルではなくなっている。

同四十八分、トニーとロビンは立ち止まる。道の右側隅に十センチ四方の小さな石が十五センチ程、頭を出してある。

「ここが今来たSauri《サウリ》 Compound《コンパウンド》と、これから行くMission《ミッション》 Hill《ヒル》とのボーダーだ」

最初、何を言っているのか解らなかったが、

「三十年位前までは、ここを境にして向こう側の者がこちらに来ることはできず、こちらのミッションヒルの者も、サウリ側に入ることはできなかった」

謂わば国境みたいなものだったようだ。この石はその当時を今に伝える僅かに残るものだ。

そのボーダーから道の右側にドラムカンの——その全体から五分の四程は——埋まる、「日本

ミッションヒルに建つ英霊碑

軍のトイレ跡」と言う処を通って行くと、大きな木の下に出る。もうミッションヒルも近いと知って、そこで休憩を申し出る。三時間半程、休みなく歩き続けている。ジャングルも終わったことだし、少し休みたい。

しかしほんの少しの二分の休息で再び歩き出す。彼等には疲れの様子は全くなかったから。こちらも二分も休めば充分だ。

ブッシュ・トレイル終了

歩き出して一分もしないうちにミッション付属の建物を見る。右手前方にそれは現われる。もうすでに同教会の敷地内のようだ。ここまで全くなかった人影も見え出す。

壷焼きの窯の前を通り、建物の脇を抜けると、バスケットコートがあり、そして広々とした広

ミッションヒルからの眺め，ウエワク岬とビスマーク海

場に出る。その先方端に、「英霊碑」が見える。その向こうはウエワクの町越しに、同岬とビスマーク海が見える。どうにか予定の半分の行程をこなしたようだ。

十一時から同十五分まで休む。トニーとロビンもその碑の脇でミッションの男たちと話し込む。現地人は誰とでもすぐ親しく言葉を交わす。これは一つの文化かも知れない。

ミッション付属の学校に通う学生に水を飲ませてもらって、そこを後にする。

車も通れる道幅の下り道を行く。ミッション付属の建物はその道沿いにも続いてある。

五分下るとトニーは道を外れて、左の草地の中に入って行く。

「マシンガンがある」

と言って。

四分歩くと、海に向かって据えられたその高

ミッションヒルにある旧日本軍のマシンガン

同上，トニー（右）とロビン（左）

旧日本軍のマシンガンと，それを見る山刀を持つロビン

射砲はある。案内してくれたのは五門。ほぼ十メートル間隔でそれらは並んでいる。

その五門を見て、そこから少し離れてあるトラックの残骸を見て、ミッションからの車道に戻る。

これでトニーの案内は済む。あとはバス通りに出て、ラルフ氏の家に戻ればよい。当初考えていた町へ行くことは時間の関係で出来ない。すでに正午に近いからだ。

「ガイドの料金の相場は一時間で三K」

とラルフ氏は言っていた。七時三十分から五時間近く経っている。もうこれ以上伴うことはない。

民家の並ぶ脇を通り、Wirui Creek（小川）を渡って、バス道路に出たのは十二時二分。ここはKreer Compound という地区《ところ》。トニーもロビンも一般の現地人に紛れて大人しくなっている。

ミッションヒルを下りてある Wirui Creek

ラルフ氏の家の方へ向かうトラックバスはあるがどれも満員で乗り込めない。少し待つが、無理と分かって、道路の向こうにある店屋に行く。昼食用の弁当をカイバーが在《あ》れば求めたい。トニーにそのことを告げて行く。道端には大勢の地元民がバスを待っている。

カイバーが店屋に隣接して在り、そこでライスに肉野菜掛けを求める。そしてコーラも買う。どれも宿で食するものだ。ここでは何も飲食しない。トニーもロビンも何も口にしていないのだから。本当は彼等にコーラの一缶でも買い与えてもいいのだが、どうもそういうことが憚かられて。

それ等を購入するとすぐにトニー達の居る道端の木蔭に戻る。

ＰＭＶのトラックバスは三台、四台と通るが乗り込めない。どれも満員で。

そして結局、私とロビンが乗り込めたのは——トニーは「ここで用がある」と言って来ない——十二時四十三分だった。

このトラックもほぼ満員の客を荷台に乗せている。これはアフリカのトラックバスと同じだ。側面に座席を設《しつら》えて、中央に荷物を置く。坐り切れない者は中央に置かれた荷物の上にも坐っている。乳呑児でない子どもがそれら荷物の上に居る。懐かしい光景。

二十分後、ラルフ氏の家の前下で降りる。ここで降りるのはロビンと二人だけだ。料金の一人一Kの二人分、二Kを払う。ロビンとはそこで別れる。宿には午後一時四分に着く。

もう今日は何もしない。これだけのことをすれば、もういい。町はここから遠いのだから。汗の滲みたポロシャツ、靴下等をシャワーを浴びながら洗って、午後は休息する。ここでの生活はそういうことだ。

国籍を変えたドイツ人

夕方ベッドに居ると、窓の外からラルフ氏が声を掛ける。

「これから三十分位、犬の散歩を兼ねて出掛けるから」

わざわざ声を掛けてくれたことを好意と受け取って、

「私も一緒に行っていいですか?」

部屋にじっとしているのにも倦《あ》きて来たので、そう問う。

「別にかまわないけれども」

「じゃ、ちょっと待って下さい」

「OK」

すぐに着換えして、外に出る。そして彼とその飼い犬二匹と共に、敷地の坂を下ってバス道路に出る。彼は手に手紙等の入ったビニール袋を提げている。

道を左に少し下って、右側の草むらの中へ入って行く。道路からはその草に覆われて人影は見えないが、そちら側から人々の声は聞こえる。バレーボールに興じる現地人が二十人程居て、それを見る人たちも、子どもを合わせれば三十人以上も居る。夕刻の彼等の娯楽ということか。パチンコやテレビゲームといった室内娯楽に興ずる日本の大人子どもより余程健康的と言える。

ラルフ氏は娘——現地人女性との間に出来た子——と、姪——純然たるパプア・ニューギニア人——に声を掛けてから、そこを出る。

そして道を戻って行く。登るように先方へ、彼の家下前を通り過ぎて六分後、今朝トニーと歩いた道へと右折して行く。どうやらそちらにある集落に手紙を届けるようだ。

『こんなことまでするのか』

と思う。外人——と言っても彼は国籍をドイツからこの国に変えているのだが——が現地人と溶け込み上手くやって行く為の一つの手段なのかも知れない、と思わざるを得ない。

トニーと歩いた時見たニュー・ミッションの建物前を過ぎ、次に左手高処にある民家へラルフ氏は登って行く。そこの人に声を掛け、行き過ぎ、その先にある民家に声を掛ける。

高床式の現地風住居から一人の婦人が出て来る。ピジン語で言葉を交わす。内容は定かには判らないが、どうやら手紙の宛先の当人は居ないということのようで、来たら渡して欲しいと頼んでいるようだ。もしかしたらこの家の主人宛なのかも知れない。

五時三十分を回って、ラルフ氏はちょうど主人が帰って来る頃を計って訪ねているとも考えられる。十分程婦人と話してそこを出ようと内庭を去ろうとした時、向こうからその当人であろう初老の男が肩から麻袋を下げてやって来る。ラルフ氏は、

「今、手紙を奥さんに渡したところです」

と言っている。彼ともまた少し立ち話をしてゆく。主人の肩から下げた袋の中を見ると、薄ピンク色の小さな球形をしているものが沢山入っている。問うと、

「コーヒー」

それを割ってみると、白い豆のようなものが出て来る。ラルフ氏はそれを持って説明してくれる。

「これを火にかけて、煎《い》るとコーヒー色になる。それをグラインダーにかけてお湯で落とすとコーヒーが出来るよ」

確かにこの白さからはコーヒー豆には見えないが、煎ればコーヒー色になるのだろう。この辺

りではコーヒーも主要な生産品の一つだ。この国の産業の一部になっている。

その主人とも別れを言って高台を降りて、道に戻り、さらに左方向へ登って行く。少し行くと右手に無人の建物がある。

「これはトイレ」

彼は言う。

「写真を撮らない？」

と訊くので、遠慮する。もう少し形の良いものなら、と思う。あまりに当たり前の小屋過ぎるような気がして。

その小屋と対角線に位置するようにある高台に再び登って行く。そこにも数軒の民家が軒を並べてある。

ラルフ氏はそのうちの一軒で残りの手紙を渡し、そしてその民家の軒下を通って行く。そこに雨を溜めるドラムカンがある。

「これは日本製だ」

と言い、

「戦争の時、残していったものだ」

と。

「あれから五十年以上経つが今でも使える。非常に優れたものだ。そのあとイギリス製やアメリ

今も使われている旧日本軍が残していったドラムカン

カ製のドラムカンが入って来たが、二年もすると錆が出て使いものにならなくなる。日本のは自動車だけでなくて、ドラムカンも優れているよ」

元ドイツ国籍の彼にそんな風にして褒められると、ちょっと面映ゆい。しかしドラムカンが今も使われているということは真実のことで、ここの人々の生活に役立っていることを思うと、良いものを残すということは結局それを作った人間が残るということなのだ。自分がそのドラムカンを作った訳ではないが、日本人として誇りに思ってもいいのかも知れない。

ラルフ氏はその家を出ると、もう手に何も持っていないが戻り道を択らず、その道をずっと登って行く。そして今朝トニーと来た時見た不発弾の処に立ち止まる。

「トニーはこれを見せたか?」

と問い、

「はい」

と答えると、

「どこからブッシュに入って行ったか？」

「その先から」

ラルフ氏はそれを聞いて頷く。それがやはりルートなのかも知れない。

そこからかなりの勾配を登り続け、二分で頂上に出る。

「ここに市はテレビ塔を建てる予定だったが、ここまでの道路を造った時点で予算が無くなって、肝心の塔は建たなくなった」

確かに塔を建てられるような約三十メートル四方の空地が平らに整地されている。しかし塔建設の土台造りを始めるような様子はない。

ここからの海や、反対側にある山の眺めも素晴しい。高台に行けばいくらでもウエワクの市街は見降ろせた。

頂上には三分居て、下る。そしてあとは宿までどこにも寄らない。ラルフ氏は道すがら、様々な木の話、草花の話、そして落ちている石の話——石は火山岩と言う。整地するために運んで来たと。また海のサンゴの破片《かけら》もあると——をする。いろいろな処から石として使う為に運んで来たようだ。もし英語がより話せたら、とても為になる話を沢山聞けたのだろうが……。

家への坂道に立つラルフ氏

六時二十九分、宿に戻り着く。二日目の夜となる。

　今日の夕食も八時近く。ラルフ氏一人が作るので食材切りからごはん炊き等、すべてをやるのでその位の時刻になってしまう。私は手伝うことは可能だが、余計な手出しをしない方がいいと考えて、その間は部屋の中に居る。その代わり食べ終わった後の、鍋やフライパン等を含む食器類すべての洗い物は一人でしている。それがこのような家庭的な宿におけるルールだろう。まして主人のラルフ氏は私より十歳も年長なのだから。

　彼はどんな思いで国籍を変えたのだろうか。ここまでに至る間に様々なことがあったのだろう。窺い知ることは容易なことではない。もし私がドイツ人であればいくらかそれを知ることはできたであろうが。

夕食のメニューは昨日とほぼ同じ。ごはんに野菜の煮スープ（＝ソース）を掛けるものだ。鶏肉が入っているが、それはほんの僅かでしかない。しかし今日の味付けはトマトとなっている。

ラルフ氏は薄味なので食べる時、塩とこしょうを借りて、振って好みに合わせている。

ごはんとそのソースのお代わりを一回して、一時間程で食事を終える。食器の洗い物をして、九時三十分には部屋に入って眠りに就く。

町中より四百メートル程高地だが、夜でもそれ程寒いということはない。勿論薄手の毛布は必要とするが。

町中見物

翌朝、外が明るくなってから起き出す。六時

ラルフ氏の家，玄関辺

三十分である。日曜ということで、通る車の音も少ない。

八時三十分、朝食を前日と同じメニューで摂り、部屋に戻って休む。特別何をすることもない。ゆっくり休養する。この町は、セピック川流域に入る為の町、という意味が旅行者には強い。しかしこちらはそこに行かないので、ただゆっくりするだけだ。

午前十時、部屋に居ることにも倦きて、町中へと出る。まだ歩いては見物していない。日曜なので「どこも開いていない」と言うラルフ氏の言葉があったが、そうであっても歩いて町《そこ》を見物しなければ訪れたことにはならない。

十時十二分、宿を出る。内庭の処でちょうど外出から戻ったラルフ氏と会う。

「パスポートや余分な金は持って行かないように」

と再び——昨日ブッシュ・トレイルに出た時にも忠告されていた——言われ、「そうしています」と答えて、バス道へと坂を降りて行く。

取り敢えず歩いて行く。車が来れば手を挙げて止めようと思う。

道に出て、左に行くと最初の右へのカーブ端《ばた》で、トニーが自転車を逆さにして修理している。何やらチェーンの調子が悪いようだ。昨日半日一緒だったので、ひどく親しみがある。

一～二分そこに居て歩み出す。早目にタウンに行きたい。

一本道だから迷うことはない。アスファルト道はところどころに穴が空いている。登って来る車はいくつもあるが、タウン方面へ下って行く車はない。

三十分間一台もそちらへ行く車は来ない。そしてそれから数分後、一台下って来るのがある。遠慮がちに手を振るが、止まることなく行き過ぎてしまう。もっとはっきりと示せばあるいは止まってくれたのかも知れない。歩き続ける。

十時五十七分、右手に民家を見る。ラルフ氏の家を出てから初めて見る民家だ。そしてそれが見えなくなるとまた、緑の中の道を行くことになる。

対向する車はやはり数分に一台の割でやって来る。

十一時十一分、再び民家が見え出す。ここでは暫くそれは左右に途切れることなく続く。どうやらKreer《クレ》 Heights《ハイツ》の集落に入ったようだ。

そして五分後、アスファルトが数メートル途切れた処で、上（今歩んできた方向）から下って来るPMVのトラックバスを見る。これは有料だから、躊躇なくはっきり手を挙げて乗りたいことを示す。しかしそれはヘッドライトを一瞬つけて、サインを送って傍をゆっくりと——大きな穴のある処だった——止まることなく通り過ぎてしまう。助手席の男が、

「Full up」

と言って。便数の少ない日曜にあっては、満員であることは予想されることだ。

ずっと民家は続いている。

そして同三十分、左への道が伸びる三叉路に達する。ここではその道端で休む現地人と声を交わす。彼等もまたタウンへ、あるいは逆方向へ行くPMVを待っているのだ。私も待とうかと思

うが、ここまで歩いて来てしまったのだから、タウンに行くのは後回しにして、先にボラム岬に行くことに変更する。それはこの道を真っ直ぐに行って空港から来た時に通ったボラム通りとぶつかったら、少し右手に曲がって同通りを渡って海に沿って進めばある筈だった。

その三叉路を出て十五分でボラム通りに出、それを横切って前方へ延びる道を行く。その先方、突き当たりにビーチがある。

十一時五十五分、Kreer《クレ》 Beach《ビーチ》兼マーケットに着く。マーケット故に日曜であっても、大勢の人が居て、そして誰が居るとも知れないので、すぐにそこを出て、左手方向に歩いて行く。岬には病院があるので、それを目指して行く。

マーケットから十二分で病院に入るゲートに着く。ゲートと言っても脇の詰所には誰も居ないので、それに関係なく入って行ける。誰もが同様にして、敷地内へと入っている。

病棟なのか、いくつもの建物があるが、患者とか看護婦風の者を一人も見ない。むしろプライベートの民家と化してしまっている風がある。病院とは名ばかりで実態はないのかも知れない。あるいは日曜なのでここも休みなのかも。

岬の先端に建物を巻くようにして出る。

海中に何やら点々とある。石の柱が頭だけ見えるのだ。かつて船が横付けされたそこは桟橋だったのかも知れない。

先端辺にも家々があり、たぶん私有地の端を回っているのだと思う。咎められれば、言い訳をしなければならない。しかし良い具合に、その先端をほぼ回り切るまで、誰とも会わない。

だが最後の処に来た時、そこの飼い犬に吠えられる。犬はこちらに向かって来て、少々恐ろしいが、こちらが何もせず、ただ歩き過ぎるとそれ以上は追って来ない。ほっとして、その敷地外に出、車が通れる程の幅の道に出る。

そして少し行くと元の、一周する前の基点に戻って来る。そこからゲートに向かって戻って行く。

十二時三十六分、ゲートを越える。ここからバスでタウンに行く。歩くのはもういい。

一分でバス停に着き、すぐに来た一番のPMVに乗る。クレマーケットの前を通ってボラム通りを右折する。

平和公園の角を左折して海岸沿いに出て、郵便局前に着いたのは同五十一分。

郵便局前の海辺

閑散とするタウンマーケット前のPMVバススタンド

言われていた通り、その前辺には誰も居ない。ウソのようにその前からタウンマーケットに通じる道には誰も居ない。いや右手にある商店の、その従業員が商品ケースの入れ換えをしているのが見えるが、通りを歩く者の姿はない。ちょっと不気味な感さえある。それでも同マーケットへと歩いて行く。その内にはそこを清掃する者が数人居るだけだ。

ＰＭＶのバススタンドにも車の姿はない。その先の海端に出て、そちらを眺める。海だけを見ていれば平和な風情だ。しかし振り返って陸地を見れば、何をするにしても目立つようで。

一昨日、ラルフ氏の車で通った道（Scenic Drive）を歩いて登る。たぶんこう行っただろう、と思う道（Valley Lane）を行く。道は二者択一だから当たる。

一時九分、白い三角錘の戦争記念碑前に出る。

そこを左に折れ登って行く。そしてT字路に出て左折し、道なりに進んだ先に「ニューウエワク・ホテル」がある。

その前の道をさらに少し行くと、展望処となる。ムシュ島やその少し先のカイリル島の眺望が素敵だ。椅子代わりの丸木に坐って小休止する。汗を一杯かいている。

八分休んで、次に共同墓地に行く。地図では同ホテルの先に道があるようになっているが、そこからは崖があるだけだ。

来た道を戻り、T字路も右に曲がらずに真っ直ぐ行き、ラルフ氏と来た時見せられた防空壕跡前を通り過ぎて、道を下って行く。

道は左へとカーブし、そしてちょっと右カーブすると、海辺に出る。海辺に出て左手すぐにその墓地はある。

考えていたものより小さく、十数人分のそれがあるだけだ。日本人の墓があるかと見るが、ない。一墓石、漢字で書かれたものがあるが、それは、〝中華民国〟とあって、たぶん日本人として徴兵されて、ここで亡くなった人だろう。

ここに墓碑が建てられたのはその人もそうだが、どの人も一九五〇年代から六〇年代初めにかけてが多い。その頃ここに遺族が訪れて建てたのだろう。

五分で同処を出て、左回りに海沿いを行く。初めて通る道。このような道があるとは歩いてみなければ分からない。

“Sea View Hotel”が現われ、また民家も同じようにその崖斜面に続く。隠れるようにあるここは、ちょっといいロケーションのように思う。

ドイツ語の話し相手

午後二時、岬を一周して Valley Lane《通り》 に戻って来る。マーケット方面には行かないで、郵便局方面へと進んで行く。

同十分、郵便局前に着く。そこで戻りのバスを待つ。

クレハイツに行くバスの十九番は来たが、ちょっとの間そこを離れたスキに走り去ってしまう。その後数台ＰＭＶは来るが、十九番は来ない。

同四十一分、クレハイツ行きを諦めて、二番のバスに乗る。それで同処への登り坂の分岐点——逆へ行くとクレビーチに達する——まで行くことにする。なるべく早く宿に帰りたい。

同五十二分にその分岐点に着く。そしてそこでラルフ氏の家のあるタワー方面への車を待つ。

ちょうどその時、現地人の女の人が、

「助けてあげる」

と言ってこちらに近寄って来る。車を止めるのを「任せろ」と言うのだ。

「あなたはそこの石の上に坐っていろ」

当初それを信じて坐っているが、一向に真剣に車を止める様子を見せない。地元の者故、どの車がどこ行きか知っていて、通る車はすべて、

「クレハイツまでだ」

そんなものかと思っていたが、三十分経っても状況に変化はなく、三時半を回って少々おかしく思う。それで、自ら立って止めることにする。もうクレハイツまででも良い。そこからなら歩いても一時間半で着く。とにかく日のある六時までには着かなければならない。本当は三時半までにはここから動いていなければならなかったのだ。四時になったらかなり慌てることになる。

こちらが立つと、その女は隣に居る男を示して、

「五十K出せばこの男がタワーまで連れて行く」

これで初めて知る。もともとそれが目的だったのだ。親切を装って何も知らない旅行者を騙す。危うくそれに引っかかる処だった。このことを知ると次に来たPMVにとにかく乗ろうとする。ハイツまでのそれは数台通って行っていたから。

そこで待つこと結局ちょうど五十分、三時四十二分に一台の小型トラックが止まってくれる。

「クレハイツ？」

と訊くと、

「OK」

と言って乗せてくれる。それでホッとする。その女たちの処から離れられたことに。

乗ってしまえば四分でその車の男の家へ達する。そこはまだタウンから延びる通りとの三叉路にはいくらか手前だったが。その男にお礼を言って、そちらへ歩き出す。

そして二分後、三叉路に着くとちょうど右側から、その通りからＰＭＶのトラックバスがやって来る。小走りに駆け寄って助手に訊く。

「タワー？」

「ＯＫ」

素早く後ろから荷台に乗り上がる。客は、大人の男二人と女二人、そして子供が四人乗っているだけで乗り込むのに問題ない。もしあのボラム通りとの角で今も待っていたら、このＰＭＶには乗れなかった。やはり運はまだいくらかあるようだ。

ＰＭＶはそちらの通りから来る方が多いかも知れない。ガラガラの荷台（ここからは私と他にもう一人、男が乗っただけだ）で揺れに身を任せる。

十四分後の四時三分、ラルフ氏の家の前下に着く。まだ日があるうちに戻れてホッとする。

宿に着くとしかし扉にカギが掛かっている。一度ノックして出て来ないので、娘さんの部屋の窓を小さく叩くが、やはり誰も出て来ない。少しして再びドアをノックすると、内から〝今、目を覚ました〟、という顔でラルフ氏が出て来る。

「寝ていたところで分からなかった」

と言い、こちらが内に入ると、

「まだ少し眠たいので、寝る」

と言って、彼は自分の部屋に消える。こちらはそれで問題ない。

私も部屋に入って、そして着換えてシャワーを浴びる。それが済めばもう何もすることはない。

ベッドに横になって疲れを癒す。ウエワク最後の予定も済む。あとは明日、マウントハーゲンへのフライトがあればいい。

母屋とは別個にある，ラルフ氏の家のトイレ

この町で日本から持参の蚊取線香と虫よけスプレーを初めて使う。蚊とか小さな虫が居て、身体を刺されて、少々痒い。これはまた仕方のないこと。山の中腹にあるし、安宿だから、このようなことにまで気配りされていない――仮え蚊等が好むトイレを母屋とは別個にしても、それその

ものが、〝山小屋〟にあるといった風情のものだから、発生そのものをくい止めることはできない。

部屋に入って、三十分程すると、外で車が登って来る音がする。ラルフ氏は言っていた。

「今日、ドイツ人が二人来る」

その彼等だろう。

少しすると、隣の食堂兼コモンルームからドイツ語が響いてくる。ラルフ氏にとって母国語のそれで話せることはひどく嬉しいことだろう。ほとんど英語かピジン語で過ごしているのだから――普段ここでドイツ語を使うのは飼い犬に話し掛ける時だけだ。

暫くドイツ語が続く。

五時半過ぎ、トイレへとその食堂を通ると、ラルフ氏の他に三人居る。二人と言っていたが、三人になったのか。しかし後《のち》に一人は、二人を車で送って来たミッショナリーの人と知る。

夕食は昨日までと違って四人――ミッショナリーの人は帰っていた――で摂る。メニューは昨日の残りのスープソースに、骨付き鶏肉が一本ずつ。やはり八時過ぎにそれとなる。

こちらが町から戻って来た時、ＰＭＶを降りたら、昨日のガイドの一人、ロビンが居てパパイヤをくれた――彼が偶然そこに居たのか、あるいはこちらを待っていたのか、それは定かには判らないが。

そのパパイヤも今日の夕食に供されている。昨日に比べたら豪勢な内容となっている。

二人はウエワクより西に百数十km入った、PRINCE ALEXANDER 山脈の麓にある村、MAPRIK《マプリク》に二週間居たという。目的は現地人の彫る民芸品の買い付け。一人の方が「プライベート・ミュージアム（個人博物館）」を開いていて、そこに飾る為のものの購入だと言う。

いくつ位買ったのか、と問うと、

「五十～六十」

それを持って来た風はないので訊くと、「郵便で送った」と言う。

すごい量だと思う。プライベート・ミュージアムだけの為とは信じられないが、確かにここではたぶん、首都で買うよりかなり安く仕入れられるだろう。そしてドイツに持って行けば、その十倍、二十倍の値で売れるかも知れない。

十時半過ぎに、皆眠りに就く。こちらは宿代を払うつもりだったが、ラルフ氏は部屋に入って出て来ない。明朝ということになる。ラルフ氏の生活も、たぶん旅行者からの宿泊代金と木彫りを売っての儲けからだと思う。他に収入を得ているようには見えないからだ。

搭乗券のないフライト

七月十九日、月曜日。

夜中から雨、そしてその名残りというのか、明け方は深い霧で、窓越しに普段は見えているビスマーク海も見えない。フライトが気になる。

一昨日には、

「娘を学校へ送って行くので、七時頃には出る」

と言っていたそのことが頭にあって、六時過ぎに起床する。いつラルフ氏が起き出してもいいように。

しかし今日は七時になっても八時になっても、隣の食堂に物音はない。昨日、

「明日は Remembrance Day で祝日だ」

と言っていた。当然学校も休みだからゆっくり寝ているのだろう。

こちらも再びベッドに入る。ラルフ氏が動き出さねば、こちらも動きようがない。

九時近くになってやっと食堂から足音が聞こえる。少しして顔を出す。

「グットモーニング」

「どう、よく眠れた?」

と訊かれる。「問題ない」と答える。そして、

「こんな天気だけれど、飛行機は飛ぶだろうか?」

「エア・ニューギニア?」

「はい」

「なら大丈夫だ。エア・ニューギニアだったら、レーダーがある機だから、飛べるよ」

「そうならいいけれど」

「何時だったっけ?」

「一時三十五分」

「じゃ、十二時頃ここを出ればいい」

「……」

「休みだから、車はあまり通らないけれど、トライしてみればいい」

こちらは空港まで送ってもらえるものと思っているので、それはちょっと意外な言葉だった。

「できたら、あなたに送ってもらいたいのですが……」

「うーん、いいけれど、チャージがかかることになるよ」

「それは解っています」

ラルフ氏は、はっきり行くとは返事しない。車の調子は確かにあまり良くないが。

十時十五分に朝食を摂る。朝食も昨日までと違って、オートミールが出てくる。ドイツ人二人が加わったことで、ラルフ氏も奮発しているようだ。

十一時にそれを終える。そして三日分の宿代を支払う。二食付で一日、三十Kなので九十Kと、一日目の昼食代二Kで、九十二Kである。そして空港までの送り代として、ラルフ氏は、

「五K」

と言う。それは予想していたので、九十七Kになる。しかし三Kの釣りを貰う気にもなれない

ので、壁に吊り下げられている木彫りで、一番小さいのを買うことにして、ちょうど百Kにする。それで互いに合意する。

こちらは気分はスッキリする。決して金にゆとりがあるのでないことは彼の生活を見ていれば判る。だから本当は一泊、四十Kでも仕方ないと思っている。いくらか援助の気持ちがあることも確かだ。

正午、ラルフ氏は車のエンジンをかける。ドイツ人二人と娘さんと姪も乗り込む。同三分、敷地を離れる。そして空港へ。いい具合に空は晴れ渡っている。

二十分後、空港に着く。そしてチェックインをする。

「マウントハーゲン?」

と言うと、カウンター内の男は、

「二時」

定刻より三十分程遅れると言う。ラルフ氏が来て、ピジン語で確かめてくれる。同じ答えである。遅れても、とにかく今日発つようなので、ホッとする。

航空券が取られて、それを束ねている上紙《うわがみ》に、座席番号が書かれて返される。マダンからウエワクの時もそうだった。搭乗券はない。手書きで、席番号が、切り取られた航空券の残りに書かれるのみだ。

「彼等は lazy だから、搭乗券の在庫が無くなっても、次のを得ることに特別急ごうとはしない。

それがこの国の人々だから」

ラルフ氏は言う。国全体がそうして動いているのだから、仕方ないだろう。

チェックインを確認して彼はドイツ人二人と娘さんたちと共に、空港を後《あと》にする。こちらはドイツ人二人とも握手して別れる。僅かな出会いだったが、人生はそういうことの繰り返しだ。

ロビーでその機の来るのを待つ。まだその姿はない。どこかから飛んで来て、マウントハーゲンへ行くようだ。一応の定刻は二時。しかし……。

一時五十分近くになっても、それはやって来ない。一つ席の向こうに居る男に話し掛ける。

「どこに行くのか?」

「いや、どこにも行かない。飛んで来る友人を待っているのだ」

「どこから来るのか?」

「レイからだ」

「その機がハーゲンへ行くのか?」

「そうだ」

それで得心する。男は教えてくれる。

「ポートモレスビーからレイに行き、そしてこのウエワク、次がマウントハーゲンへで、そこからポートモレスビーに戻る」

循環している便と言う。一カ所で遅れれば、それがどんどん増して行くのだ。

それから少しすると、男が、

「やって来た」

こちらには判らないが、飛んで来る者が聞こえるようだ。

そして確かにその機は一分後に着陸した。一時五十五分。

空港建物前に停止し、乗客が降りて来る。乗っていた全員のようだ。

二時五分にそれが終わり、少しして係員が出発ゲートの扉を開ける。しかし誰もそこに行かない。マウントハーゲンであると思って、こちらが最初に行く。

「マウントハーゲン?」

と確認して、そこを抜けて行く。そして一人タラップを上る。

機内にはスチュワーデスとスチュワードしかいない。こちらが最初の客である。リュックを荷物棚に入れ、トイレに入る。そして出て来ると、前方に十人程が乗り込んでいる。五人掛け十二列の六十人乗りに、十数人だけの客。ウエワク→マウントハーゲン間はこんなものなのかも知れない。

そして機は二時二十七分、動き出し、同三十分、離陸した。どうやらウエワクも離れられたようだ。

マウントハーゲン

宿換え

雲海の少し上を飛び続けている。窓外の眼下には緑の山脈《なみ》、そしてセピック川だろう濃藍色の水面が大きな面積となって見える。

さらに濃い雲海に入り、いくらか機は揺れる。この辺りがBISMARCK《ビスマーク》山脈上なのかも知れない。機中ではマダンからと同様のビスケットが配られ、コーヒーか紅茶が注がれた。

そして実質飛行二十分程で機は高度を下げ出し、二時五十六分、ハイランド地方の主要町の一つ、マウントハーゲンの空港に着陸した。

機がターミナルの建物前に止まったのは、ちょうど三時。

そして同一分に降機する。国内線なので何の手続きもなく、到着通路に入る。

ここでもいくらか宿までのことを心配していたが、いい具合に宿として予約を入れておいた"Haus《ハウス》 Poroman《ポロマン》 Lodge《ロッジ》"の、そこからの迎えの車が来ている。迎えの男はこちらの名前を書いた三十センチ四方の紙片を持って降機客に示していたので、すぐに分かる。男はトーマスという名の宿の運転手だ。

建物外に出ると、その四輪駆動車が駐まっている。それの助手席に乗って、同三分に空港を離れる。

ここまではスムーズに運んでいる。但し、宿代は確認していない。それがいくらか気懸りだ。

十五分後、町中に入る。トーマスは中心部で右折し、郵便局前のスーパーで車を止める。

「ちょっと買い物をして来るから、二一～三分待って」

こちらは助手席に坐ったままでいる。外には大勢の現地人が居る。ウエワクとはまた違った風情だ。ウエワク以上に人々の眼光は鋭く感じられる。ガイドブックには、治安は悪い、と書かれている。現地人以外、歩いている姿は見受けられない。

この町で特別見るものはない。ただ雰囲気を知ればよい町。従って二泊だけにしたことは正解だった。

トーマスは十分して戻って来る。三時二十七分に発つ。彼は、「今ハウスには五人の日本人が居る」と言っていたが、どうやら仕事でこの国に来ているらしく、こちらには縁のない人たちのようだった。

三分走って町中を外れる左への道（Kuta Road）——そのコーナーはガソリンスタンドだ——を行く。ここから穴だらけの悪路となる。現地人はそれでも歩いて行き来している。その先に民家があれば、そこに住む人たちは歩いて町との往復をする。少しだが、ＰＭＶのバスがあるよう

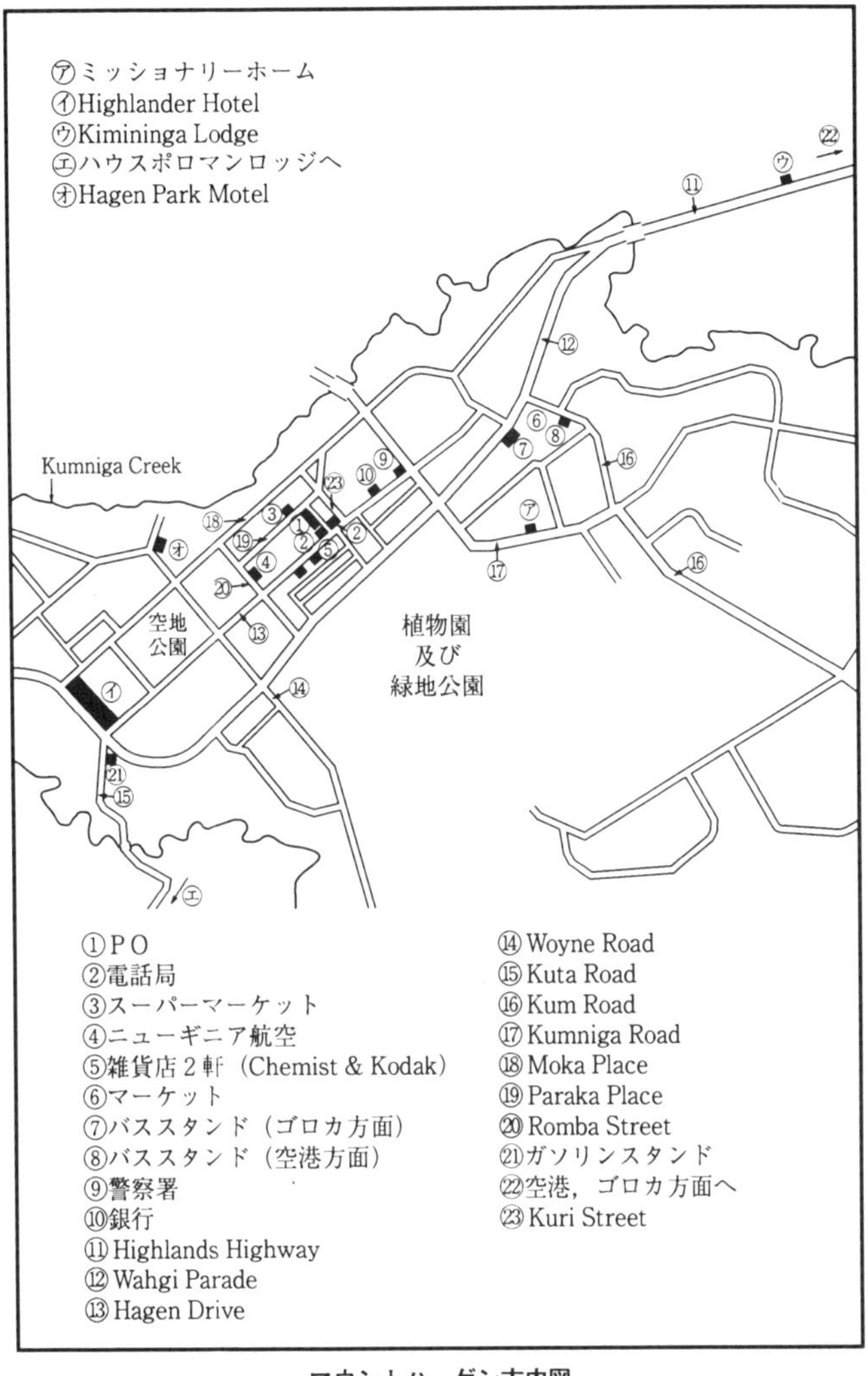
㋐ミッショナリーホーム
㋑Highlander Hotel
㋒Kimininga Lodge
㋓ハウスポロマンロッジへ
㋔Hagen Park Motel
Kumniga Creek
空地
公園
植物園
及び
緑地公園
①P O
②電話局
③スーパーマーケット
④ニューギニア航空
⑤雑貨店２軒（Chemist & Kodak）
⑥マーケット
⑦バススタンド（ゴロカ方面）
⑧バススタンド（空港方面）
⑨警察署
⑩銀行
⑪Highlands Highway
⑫Wahgi Parade
⑬Hagen Drive
⑭Woyne Road
⑮Kuta Road
⑯Kum Road
⑰Kumniga Road
⑱Moka Place
⑲Paraka Place
⑳Romba Street
㉑ガソリンスタンド
㉒空港，ゴロカ方面へ
㉓Kuri Street

マウントハーゲン市内図

だ。しかし頻繁にではないようで、歩く方が確実のようだ。

三時四十五分、宿に着く。

車を止めた処から、敷地内への木の柵を押し開いて、専用の下り階段を行くと、左側に受付のある現地風の建物がある。室内の電灯を点けていないので、ひどく暗い。

トーマスに案内されて受付に行くと、係の女の子が出て来る。料金を訊くと、

「一泊二食付きで百三十K」

とても払えない、その半分位を予想していたので。

「もっと安い部屋はないのか。私は四十Kと思って来たのだが」

彼女は、「予約した時、代金を確認しなかったのか」と言い、そのことを責め、しかしこちらが百三十Kは払えないと言うと、

「トイレ等が付いていない部屋なら九十一Kがある」

その額でもこちらは不可能だ。日本円に直せば五千円程（一K＝約五十二円）で得心してもいいのだが、どうも町からは遠いし、ここに泊まるメリットはあまりないように思えて来ている。

彼女はオーナーに電話を掛け値引きの可否を訊いたが、ダメで、結局別の宿に行くことにする。

少し待つと、今この施設に居る者の中では比較的地位のある女の人が出て来て、その安宿のことを言う。

「ミッショナリーホームなら、ここより安いだろう」

その宿のことはガイドブックにも載っている。それでそちらへ行くことを告げる。

「悪いけど、そこに電話してくれませんか?」

訪ねて行って、「満員」と断られるのも困ると思って。

受付の女の人はそこに電話をしてくれ、そして代金も確認してくれる。

「Bed & Breakfast《ベッドアンドブレックファースト》で五十K」

と言う。予約を入れてもらう。

「ここからそこまでどうする?」

「車を出して下さい」

「歩いて行けるよ」

「いや、かなり遠い」

もしリュックを背負っていなければ、歩いたかも知れないが、今は無理だ。それに早くその宿に着きたい。

「ここの車を使うと、十Kかかる」

それも仕方ないと思う。それを了承する。その十Kと電話代一Kで、「十一K」と言う。こちらが弱い立場だから、「OK」する以外ない。

彼女はどこかへ電話する。どうやら迎えの車を頼んだようだ。そして一旦、受付カウンターを離れる。

待つこと五分程、戻って来ると、

「もうすぐ車が来る」

「誰が来るのか？」

「ボスだ」

「ニューギニア人か？」

「いや白人だ」

「……」

「ボスが空港からの車代も入れると、全部で十五Kになると言う」

先程の十一Kよりさらに増える。これも了解する。

四時三十分、迎えの車が来たことを知らされる。それで先程下車した駐車スペースに登り戻る。そこには確かに車が止まり、運転台から白人の男が出て来る。そして後部の荷台の扉を開ける。彼はこちらのリュックをそこに置くと、私には助手席に坐れ、と言う。

同三十三分、そこを発つ。少し前に来たデコボコ道を下って行く。車中会話はない。こんな時、話す言葉を知らない。

十二分後、町中にある〝ミッショナリーホーム〟の前に着く。彼は、ここがそうだ、と言って、リュックを荷台から降ろすと車を発進させる。

こちらは小さな前庭を入って、その扉をノックする。予約を入れてあっただけに、すぐに迎え入れられ、そしてこの町での宿を確保する。やはり移動の日はそのことだけで一日は終わってしまう。

シャワーを浴びた後《あと》、夕食用の弁当を買いに、近くのスーパーマーケット内にあるカイバーへ行く。

まだ五時を回ったところだが、雰囲気はやはり怪しく、そこで買い物をすると、どこにも寄ることなく直行で帰宿する。あと一日、ここでの宿泊がある。明日はそれなりに少し町を歩こうと思う。何もないことを祈りながら。

カメラ用の電池探し

マウントハーゲンは千五百メートルの高地にある。日が暮れてからは確かに肌寒くなる。この国に来て初めて寒さを感じる。シャワーを浴びた後でも上半身裸ではいられない。

夜十時近くまで起きているが、外は全く静かになり、灯りを点しているのが憚られるように思われて、十時を過ぎたところで眠りに就く。これまでのどの宿より厚手の毛布がベッドには掛けられている。

この部屋、四人部屋だが、一人で使えている。トイレもシャワーも室内に付いているのでひどく過ごし易い。書き物ができる備えつけの机もあって、申し分のない処。これで五十K、約二千六百円なら良しとすべきだろう。ポートモレスビーやマダンも同じようなものでいくらか安かったが、マダンでは同室の人が居たし、ポートモレスビーではこれ程の広い部屋ではなく、トイレもシャワーも付いていなかったから。明日も一人で使えればいいが……。

全く静かな一夜が暮れて往く。

翌朝、六時半にセットした目覚しが鳴る。一旦、目を醒ますが、一人しか居ないのであと少し眠る。朝食は七時半からなので、七時まで眠れる。

昨夜十時過ぎからだから、八時間は眠ったことになる。充分だ。

朝食はジャスト七時半にその合図の音が鳴り、こちらも玄関を入った処のロビー兼ダイニングに行く。

セルフサービスで、キッチンとの境のカウンターにパンケーキと果物が出ていて、好きなだけ取ることができる。しかし朝だから、それを二枚と果物のパパイヤ二切れとパイナップル一切れ、それにバナナ一本を持ってテーブルにつく。コーヒーでも紅茶でもミロでも、自分で勝手にその自動製造機《マシン》から淹《い》れて飲むことができる。気楽な宿。

テーブルにはバターとジャムがすでに在り、のちにパンケーキ用のシロップが食事係の現地人によって出される。朝食代金は五Kと現地人感覚では高いが、日本円にすれば、二百六十円程なので充分なものだ。

八時前には食べ終えて部屋に戻る。まだ外出するのには早い。ここでの行く先は再度のニューギニア航空オフィスだ。そこで明日のマダンへのフライトの予約の再確認をすれば良い。あとは特別ない。町中を歩いて、その印象を見れば良い。

九時十分、ダイニング兼ロビーホールの一角にある受付に行く。昨日宿泊手続きをしてくれた現地人の男——名はAmos《アモス》と言った——が居る。彼にニューギニア航空の場所と、明日行く空港へのトランスポートのことを訊く。オフィスは大体予想していた方向にある。空港への車は、

「マーケット前からPMVが出ている」

明日私以外にこの宿に泊まる者で空港へ行く者が居れば知らせて欲しいと、一応頼んでおく。次にこの町でもう一つ、可能なら、済ませておきたいと思うことを問う。それはカメラ用の電池の購入《こと》。しかしアモスにはなかなかその電池のことが伝わらない。すると宿のオーナーの白人がいい具合にキッチンから出て来て、

「どんなものか?」

と訊く。数日前に使い終えたリチウムの現物を見せる。すると、

「これなら、Chemist《ケミスト》で売っている」

しかし、その「ケミスト」が最初解らず、改めて問う。

「店の名前だ」

名前にしては変だが、

「その店の入口に“Chemist”と看板が出ている」

それを納得する。その店も郵便局辺（ニューギニア航空方向）にあると言う。もし本当にあれば、購入しようと思う。日本から予備として一本持って来たが、フラッシュを焚いて撮ることが多く、思いの他早く、その電池の容量はなくなっていた。残りあとフィルムで四本、都市にして三カ所あり、たぶん今入れている電池では間に合わなくなる。折角フィルムはあるのに、電池がないばかりに撮れないというのは情無い。少々高くても購入しようと思う。

九時十六分、宿を出る。その Kumniga Road を右に道なりに少し行くと、空港からの Wahgi《ワウギ》 Parade《パレード》（＝Highlands Highway《ハイランズハイウェー》 の町中での名称）通りにぶつかる。それを横切って、一つ目の道を左折する。昨日、ハウスポロマンの運転手、トーマスが通った道だ。その時と同じように次の角を右折し、次の Hagen Drive《ハーゲンドライブ》 通りを左折し、さらにすぐの道（Kuri St《クリ通り》）を右折し、電話局前を通って、次（Paraka Place《パラカ通り》）を左折する。この通り左側に、郵便局がある。右手にあるスーパーマーケットがトーマスの入った処だ。

ニューギニア航空オフィスもそうだが、話では“Chemist”の方が近いように思えて、先にそちらを探す。

一本通りを戻ってみると、“Chemist”ではないが、大きく“Kodak《コダック》”との看板のある店を見つける。写真用品を売っているのなら、電池もあるだろうと考え、入る。

店の内奥にそのフィルムを並べたスペースがある。店自体は様々なものを売る雑貨店みたようなものだ。

フィルムを売るカウンター内に居る女の店員に、現物の電池を見せて、

「これありますか?」

と問う。すると、

「はい」

と言って、探し始める。その製品番号等を確認して出して来たのは、しかしこちらのものとは長さの違うものだ。形は似ているがこちらのものより丈が短い。これでは用を足さない。そう伝えると、改めて探し直す。そして丈を合わせて、ピッタリ合ったそれを出して来る。

それを受け取ってこちらも丈を合わせ、その番号を確認して、購入する。三十六・九〇Kもする。日本円で千九百余円。日本でならそれより四割方安いが、ここでは仕方ない。一般の現地人にはとても手の出ない額だろう。三十六Kあれば、十食を食べられる額なのだから。

一つの用件を済ませて、次はニューギニア航空に向かう。雑貨《その》店を出て左へ行き、次の交差路を右(Romba St《ロンバ通り》)に行くと、右側にそれはある。

オフィス内には先客が七~八人居る。しかし窓口は三カ所あって、いくらか進行は早い。

十分程で番が来る。そして予約の再確認を終える。再確認をしたからと言って、現実に機が飛ばなければどうしようもないのだが。

ラスカル（強盗）に遭う

同オフィスからワウギ・パレード通りに出て右折する。もう歩かなくてもいいのだが、一応来たからには一巡りしてみたい。

しかし黒い肌以外の者はひどく目立つ。マーケットとか車の発着場には人が大勢居て、皆がこちらを注視しているようで、気持ち悪い。これはあのナイジェリア以来の気分だ。すべての男がこちらを狙っているように思えて。こちらに少しでもスキがあれば攻撃して来るように思えて。

いくらか急ぎ足でその道を行く。ハウスポロマンへの曲がり角、ガソリンスタンド前にも達する。さらに先へ行く。「Highlander Hotel《ハイランダー・ホテル》」を一応の目安にしている。

そのホテルの囲いの外周（Moka Place）を巻くように戻って来る。

歩く時、女の人の近くになるべく居ようとする。それもなるべく年をとった。

ロンバ通りを右折し、次のパラカ通りを左折し、トーマスが入ったスーパーのカイバーに入って小休止する。人の視線から逃れたい意味もある。建物内に入ればいくらか視線は遮《ふせ》げる。

丸い揚げパンを、一つが十tと知って、二つ買って食べる。現地人にとって最も安い食べ物のようだ。一Kでアイスクリームも食べる。三十分間休んでいる。

まだ十時四十分過ぎ、宿に戻るには早過ぎる。

マウントハーゲン，郵便局と電話局の入口辺

斜め前の郵便局へ入る。マダンと違ってひどくここでは窓口も堅固に出来ている。鉄網がカウンターとの境にある。これを見ても〝危うい町だ〟、ということが知られる。マダンにはそのようなものはない。

郵便局入口前の脇道を通ってハーゲン・ドライブ通りに出て、そこで改めて〝Chemist〟を探す。すると電池を買った少し手前にその文字の書かれる店を見つける。

内に入る。確かにここでもフィルムは売られていて、そして電池も、尋ねるとあった。値段は数字が逆になっている。三十九・六〇K。こちらの方が高い。〝コダック〟の店に先に行って良かったと知る——但し、商品として使えればの話だが。Chemistにあった電池は日本製で、そちらは確実に適合するだろう。今の電池が切れた時に判然とすることだ——勿論もう求めることはない。その値を訊くとそこを出る。

“Chemist”の隣にStationaryがある。文房具店なら絵ハガキがあるかと思い入る。入って店員に訊くと、「ある」と言う。そこでそれを見る。マダンで求めたのとは違うものがいくつもある。そしてここでは一枚、五十五tと安い。それを十枚求める。もうこれで、この国で絵ハガキを買うこともないだろう。八分後、店を出る。

彼等の考えはそんなものなのかと思う。

確かにこちらは絵ハガキを買い（＝旅行者と判る）、独りで動いているアジア人だ。しかしこんな日中の、それも人が沢山居る処でそのような露骨な攻撃をしかけて来るとは思ってもいない。

文房具店を出ると、店の前に居た男が握手を求めて近寄って来る。唐突なことにちょっと怪《おか》しさを感じて、その手は握らずに行き過ぎる。するとすぐに別の男がやって来て、こちらの持つ布製のナップザックをかっぱらおうとする。こちらはすぐに事態を覚って、それを離さない。強く握り締める。人通りの多い、いくらでも人の居る場所である。こちらはそれでなくても色違いから目立つというのに。そんな相手を襲うなんて。

しかしそれを見ている者はただ成り行きを見ているだけで、その行為を止めようとはしない。止めようとする者は誰も居ない。外国人が襲われることには無関心のようだ。それは確かにそうかも知れない。スキは見せていないつもりでも、手にサックを下げていればそれは「スキ」と映っても仕方ないだろう——スキを見せる方に、〝非〟があるというのがこの国の常識だ——。彼等にはこちらの貴重品が入っていると映っても仕方ない。確かにカメラが入っていて貴重品には違いないが。

そのサックを間に三〜四回の引っぱり合いがある。その男の顔を見る。この町のどこにでも居る男の顔であり、服装もそうだ。つまり誰もがそういう〝Rascal《ラスカル》（＝強盗）〟に——ラスカルというのは、特別な風体をしている訳ではない——なり得ると覚悟していなければならないのだ。

こちらはサックをもともとしっかり摑んでいるから、手から離れはしなかったが、もしその男が何かしらの凶器を持っていたら、こちらは傷付いていたかも知れない。そしてそのサックは奪われて二度と戻って来なかっただろう。

こちらが傷付いて倒れて、その犯人が去った後《あと》に人々は近づいて、そしてやっと、あるいは警察に知らせるのかも知れない。確かにバカな旅行者が、まだ昼前の十一時を少し過ぎた時刻に、襲われて傷付いたと……。少しして小さな事件になって人々の口に乗るのかも知れない。

〝気をつけろ！〟とは言われるが、このような場合どうすればいいのか。一人での旅行の場合、この町には〝来るな！〟ということなのだろう。もし私がその男に殺されでもしていたら、尚更この国は日本人にとって旅行しづらい国になっていただろう。大使館を通して外務省は「危険地域」としてのランクを一つ上げるだろう。たまたまの偶然がそういう事態を招くかも知れない。

今回もとにかく、あのジャマイカの時同様、結局は傷付くことなく、それから抜けた。しかしまだこの国の旅行は続く。この後どのようなことが起こるか分からない。なるべく危うい場所は避けるようにしなければならない。

男に襲われて、それでも走ることはなく、しかし急ぎ足で宿への道をとる。たぶんその有り様を見ていた者は大勢居るだろう。その犯人がどうなったのか知らない。たぶん彼はそれまでと同じ処に立ち、あるいは坐って時を過ごしているのだろう。次に現われるかも知れない〝カモ〟を狙って。

宿に戻ってカメラの入ったそのサックを置き、ガイドブックだけ、生のままで持って二十六分後、再び外に出る。明日の空港へのバス乗り場を確認するために。ＰＭＶで行かざるを得ないかも知れないからだ。

宿を出て今回は左へ行き、最初の角を左折する。そこを進むと自然にマーケットに突き当たる。人々が大勢居る。もうどの男の顔もラスカルに見えて仕方ない。しかし立ち止まったり、あるいは引き返したりすることはできない。とにかくそのバス乗り場を見つけるまでは動かなければならない。そのバス乗り場を見つけなければならない。

マーケットの外周を左に回るように行く。その外周、Kum RoadにＰＭＶが沢山止まっている。ちょうど走り出したバスの車掌が、

「エアポート」

と言う。この辺りにあることを確認する。しかしこの混雑混乱は、ポートモレスビーでも見ないような気がする。

恐れを感じながらもワウギ・パレード通りに出て、そこを左折し、外周を一回りする。そしてマーケット内を抜けて、宿から来た時の道に出る。

マーケット前にあるカイバーで昼食用のポテトフライとソーセージを購入して宿に戻る。もう少し人々の瞳が優しければ面白い町かも知れない。十二時十三分、戻り着く。

強盗未遂《ラスカル》に遭って思うこと。

それは結局、こちらの〝責〟、ということだ。

しっかり握っていたにせよ、そのサックは歩くと共に小さく振れていたし、何しろ一人だったのだから。そんな目に遭いたくなければ、首から下げるか、胸の前で抱えるかしていなければならなかったのだ。

彼等から見れば容易《たやす》い相手に見えたと思う。こちらは白人のように体格も良くない。それに白髪も混じっているのだから、卑弱そうに見えたとしても仕方ない。鏡を見ても、正面からは白髪は見えないが、側面《わき》はかなり目立つ。自分は若いつもりでも髪は真実の齢を隠しはしない。より気をつけてこれから残りのこの国での日々を送ってゆかなければならない。

その為にもまず、明日この町を無事離れなければならない——離れられることを祈るばかりだが、こういう時に限ってフライトが欠航になるように思えて仕方ない。

そうならないことを願いつつ、二日目をその午前中の行動だけで終える。あとは夕食を買いに四時頃、外出すれば良い。なるべく早目早目に用をこなして、明るいうちにここでの時間を終えるべきだ。

この国の問題点

お昼に宿に戻ってから、結局再び外出することはない。神経が張っている時、胃もあまり空腹を感じない。それに昼食の残りのポテトフライとソーセージがいくらかあったし、マダンからウエワク、そしてウエワクからここまでの機中で出されたクラッカーもあって、それを食することで空腹は凌げた。加えてまた、ここには自由に飲めるコーヒー、ココア等があって、それを飲むことで、いくらか腹のもち方も違った。

勿論一番の大きな理由は外出したくないということだったが、これがもしアフリカ時のような自分の状況・状態だったら、それでも動いたかも知れない。待つ者は居なく、それに帰国の日など決まっていなかったのだから、たとえリスクがあったとしても、もっともっと動き回ったかも知れない。

しかし今は違う。確かに守りの自分が居る。ちゃんと仕事に間に合うように帰らなければならない。その為には計画を中断することも厭《いと》わない。それが正直な今の自分である。もう充分な齢である五十になるのだから。

夕刻シャワーを浴びると、六時にはベッドに入る。いや少し書き物を、と起き出す。しかしそれも長くは書けない。

明日のフライトを、幸運を願って待つばかりだ。だがキャンセル（欠航）になった時のことも考えている。その時は少しあちこち動き回らなければならないだろう。それはその時のことになる。時間がすべてを、はっきりさせるだろう。いずれにしてもあと十日間のことだ。

目覚しは六時三十五分に鳴る。外は薄明かり。この国は日本より一時間先んじているが、感覚的には時差がない方がちょうどよい日の出、日の入りのような気がする。五時三十五分ならば、このような明るさでもいいが、六時半を過ぎてではちょっと暗過ぎるように思う。

七時近くになってやっと朝という感じになる。

荷物を整えて七時三十分に食堂へ行く。まだ準備が出来ていない。すでに一人現地人の客が居て、ソファで雑誌を読んでいる。こちらはセルフサービスのコーヒーを淹れて飲む。

そこへ昨朝も一緒のテーブルで食事した白人が来る。実はこの人とは昨日、ニューギニア航空オフィスで会っている。それでちょっと親しさも増していて、自然と声を掛ける。

彼はアメリカ人で、この宿と同じ教会関係の仕事で来ていた。一番最初にこの国に来たのは、

「一九五八年」と言い、

「四十一年前に比べると大きく変わった」

よく聞くと彼の父親が宣教師として、この国に来ていたのだ。それは「一九四八年から」と。

今はその父親の仕事を引き継いで、彼がこの国との関係を続けていると。今回はどこやらの村に教会を建てる為の交渉、下準備に来たようだ。

「今日の午後の便でシドニーに飛び、明日アメリカに帰る」

彼もまたウエワクのラルフ同様、ピジン語、及びどこかのトライバル（部族）語を話した。

その彼と一緒のテーブルに、今日は他に四人の現地人が居る。彼はそんな訳で気易く現地人に話し掛け、そして彼等と打ち解けた会話をした。彼の父親はこの国では——教会関係者の間では——有名な人のようで、四人とも話として知っているようだった。

そんなことで六人坐ったテーブルでは話があちこちと往き交った。

私は白人に昨日ラスカルに遭ったことをちょっと話す。すると彼の表情は一瞬にくもる。

「この国では今そのことが問題になっている」

私はまさか現地人に言うまいと思っていたが、彼はそのことを彼等に伝えた。すると彼等の表情も一瞬にくもる。一人の男が、

「I am sorry」

やはりパプア・ニューギニア人として恥ずかしい感情を持っているようだ。

私はしかし、それに遭った責任は自分にもあったことを伝える。もっと用心すべきだったと。布袋《サック》を少しだが、ブラブラさせて歩いていれば、相手に簡単に奪えると思わせても仕方ないことだと。

アメリカ人の彼は現地人の四人に向かっても、治安の悪化を語り、

「憂慮している」

とつけ加えた。四人は彼等ではどうしようもないことを知って、ただ白人の言葉を聞いているだけだった。

アメリカ人はこちらが今日この町を出ることを知ると、

「私のフライトは二時過ぎだから、一時にここを出るのでちょっと一緒には行かれない……」

私のフライトは一時二十五分で、十二時までには空港に着いていたいからだ。彼のフライトもその近くなら、彼の行く車に便乗させてくれるというものだったが。

私は、最終的にはＰＭＶのバスで行こうと考えている、と伝えた。ところが、その話を聞いていた一人の現地人——私が食堂に来た時にすでに居た男、雑誌を読んでいた——が、

「十二時なら、私が送って行くこともできるよ。少しそれまでに仕事をしてゆくが、それでいいのなら」

こちらは十二時に空港に送って行ってくれるのなら、その間どこで何をしていても良い。

「お願いします。もしあなたの方で問題ないのなら、ご一緒したい。しかし車はあるのですか？」

ちょっと車を持っているようには見えなかったので問うと、

「持っているよ。それで仕事先を回っているのだから」

「それならお願いします」

『これで何とか、あの人で溢れるマーケット前のバス乗り場に行かなくて済む』

いくらか、ホッとする。

「いつここを出ますか？」

「すぐにもう行くよ」

それを聞いて、食器をカウンターに戻す。そして食堂を出ると部屋に戻り、ビーチサンダルから靴に履き替える。僅かに出していた荷物をリュックに収めると部屋を出る。

現地人、KANA《カナ》

部屋の前で、その男、KANA《カナ》は待っており、横庭への扉から外へ出る。彼はしかしハダシだ。

「昨日、靴を盗まれてしまって、ないのだ。宿の者から六十Kを貰ったので靴を買いに行きたい」

どうやら、その横庭の扉前に脱いでおいたそれが無くなってしまったようだ。それに責任を感じて宿の方で六十K渡したようだ。勿論その間の詳しく正確なことは分からないが。

車は宿の脇の駐車スペースに止めてあった。日産の四輪駆動車で乗心地は申し分ない。走らせる前にボンネットを開けてオイルチェックをするあたり、大切に乗っていることが窺える。

八時二十分、宿を出る。そして町中の商店街へ行く。昨日こちらがラスカルに襲われた辺りも走る。商店はまだ扉を閉めている処が多い。しかし得体の知れぬ男たちはすでにそこここに屯している。少々異様な光景、いやこちらにはそう見える。

カナはニューギニア航空前を通って、一つ先方の道、パラカ通りを右折する。この通りの商店もまだ開かれていない。

「ちょっとまだ早いようだ」

その一画から離れる。ハイランズ・ハイウェーに出て、空港方面へと向かう。

十分程のち、空港への道を折れずにさらに進む。

八時四十分、コーヒー工場への道へと左に折れて行く。

その途中で知り合いと会い、車を止めて話す。彼が目的とする相手はまだ工場には来ていないようだ。そのことを知らされてそちらへは向かわず、脇道を行きながら戻って来る。

数分走った畑との境で、水に浸《つ》かりながら人々が何やらやっている。

「コーヒーを洗っているのだ」

カナが教えてくれる。大きな麻袋を三人四人で持って水の中に入れ、それを振るようにしている。袋の中で汚れが落ちているのだろう。そんな人たちが二組いる。女も傍で協力している。工場単位でなく、個人的少人数でコーヒー栽培をしている人たちのようだ。

八時五十五分、空港に行く。こちらの乗るAir《エア》 Link《リンク》社はメインのエア・ニューギニアの建物の脇にある。小さくて見落としそうだ。降りて今日のマダン行きが飛ぶか訊いてみる。すると、

「定刻通りだ」

それを聞いて一安心する。相手は航空券を一応コンピュータに打ち込む。確認がされたようだ。

「搭乗券は?」

「そんなものはない」

「じゃ、席番号は?」

「それも必要ない。好きな処に坐っていい」

「何人乗り?」

「十八人」

「時刻表はありますか?」

彼等はそれをくれる。今日の便の処を見ると、十一時五十分にレイを出て、GOROKA《ゴロカ》に飛び、そしてゴロカからマウントハーゲンに来るとなっている。従って十一時五十分までは絶対にマウントハーゲンに来ることはない。それで、

「十二時に来ればいいか?」

「十二時? OKだ。十二時三十分でもいい」

それを聞いて、カナの待つ車に戻る。そしてそのことを彼に伝える。まだ九時を少し回ったと

ころだ。三時間の間がある。

「じゃ、タウンに戻るよ。もう商店も開いただろうから、靴を見てみる」

十六分後、タウンのあの“Chemist”のあるハーゲン・ドライブ通りに車を止める。

『ここはまずい』

一瞬思うが、カナが求める靴がこの辺の商店に在るとするなら仕方ないだろう。

先程の一時間前とは違って人々はかなり出ている。私はカナが置いていった英字新聞に目を落としている。顔を上げていて、通る人と目が合うことを避ける意味があって。しかし……、

『とにかく本当にこの場所はまずい』

実際、数人の男が窓ガラス越しにこちらを凝視して通ったし――窓は閉め、勿論ドアもロックしてあったが――、ある男は窓ガラスをノックして、話し掛けて来たのだから。当然、窓は開けないが、薄気味悪いことには違いない。一刻も早くカナの戻るのを願う。

しかしなかなか戻って来ない。

ようやくカギを入れて運転台をカナが開けたのは十六分後。しかし彼の足元を見るとハダシのままだ。

「いい靴がなかった」

取り敢えずここを動くのでホッとする。次は先程行った、通り一つ向こうの郵便局のあるパラカ通りだ。そこのスーパー前に車を止め、再びその中に消える。

今度は六分で戻って来るが、やはりまだハダシのままだ。

「ここにもなかった」

次に向かったのは、最初の角、クリ通りを右折して左側にある靴専門店。ここならあるかも知れないと思う。しかし十分後出て来た彼は靴ではなく、ビーチサンダル姿だ。

「好いのがないのでサンダルにした」

もともと盗まれたという靴がどんなだったのか知らないので何とも言えないが、六十Kあればかなりいい靴が買える筈だ。

とにかくサンダルでも、靴の代わりになるものを購入したので、そのことからは解放される。

同じ町でも知人が居れば

タウンを離れて、彼の仕事が始まる。再び空港方向へとハンドルを向ける。

十分後、空港より少し先方まで走り、右折する。この辺りは"PANGA《パンガ》"という地区らしい。

右折して少し走った左手にあるコーヒー工場に入る。ここでは私も車から降りて、工場内を見学する。

大きなタンクが六つも七つもある。どれもコーヒーの豆を洗って、そして乾かす過程のものだ。

豆の皮を剝《は》ぐ大きな釜もある。機械による流れ作業で人間は最終段階の袋（六十kg）詰めの処に

コーヒー工場のオフィス前にて，カナとその車

しか居ない。

コーヒーはこの高原地帯《ハイランド》にあって、主要な輸出品である。オーストラリアは勿論、アメリカにも出荷されている。最も多くの輸出先はドイツという。ちょっと意外な気がするが。

工場からオフィスのある建物に移動し、カナは外階段を昇って二階のその内に消える。確かに仕事に来ているのだ。

二十分して彼は出て来る。車に乗り込む前に、そのドアに書かれる彼の会社のマークと共に、彼を写真に撮る。

十時五十三分、工場を出る。約四十分間居たことになる。

「何時？」

「十一時に五分前」

「まだ十二時まであるね。もう一軒、別のファクトリーに行く」

天日干しされるコーヒー豆

こちらに問題はない。

パンガから町中へ少し戻るように走り、途中右折して、道の左右、コーヒーの木の植わる処を行く。

白い花が咲き、赤い実のなる木もある。赤くなっていれば収穫できる豆である。若い実からそんな赤い実になるのに僅か三週間だと言う。そして「コーヒーは一年中穫れるものだ」とも。一本の木から年、三回も四回も実がなるとも言う。これは経済としてみるならば、実に効率のいい植物だ。

暫く走って、農道を右折し、一分も行くとその突き当たりに“GUMACH”というコーヒー工場がある。ここでも下車して工場内を見学する。

オフィスの横の草地では、豆が天日干しされている。それが何列にも並べられている。天日に平均四〜五日干すと、あとは出荷の為の工程に回されるという。

ここでは天日干しの傍に幾人かの従業員が居る。皆こちらを珍しそうに見る。たぶんそんな瞳はあの町中にあっては恐ろしいものに違いないが、しかし今はカナが居るので、そのようには受け取らない。人間の心の動きとはそんなものだ。たぶんマウントハーゲンも、ここに知人友人の一人でも居れば、全く違った印象を私に与えたことだろう。その人と一緒に行動していれば、たぶんラスカルに遭うこともなかっただろうし。人の思いはある意味で、そんな単純なことで左右されるものなのだ。だからそのことだけで、その町全体を決めつけることは愚かしいと言わなければならない。カナと昨日知り合っていれば、違った時間を送れていただろうから。

GUMACH の工場を十一時二十九分に出る。空港には十二時前に着きそうだが、早い分には良いだろうと勝手に考えている。

ハイランズ・ハイウェーに向かう脇道を走っていると、道端に坐る現地人を見る。そんな光景は珍しくないから、そのまま通り過ぎるものと思っていると、カナは車を止める。そしてその一団を荷台に乗せる。四人のグループと一人の男の計五人を。

乗せてからカナは、

「今乗せた男、ミッショナリーで働いているだろ」

そう言われて助手席から振り返って荷台をよく見ると、六十年配の一人の男を宿で見掛けていた。いつも廊下の突き当たりの小部屋でアイロン掛けをしているおじさんだ。

「今日は彼はそこでの仕事は休みのようで、これから彼等の家まで送る」

なぜあそこに彼等が居たのか判らないが、その男、プンブーさんを乗せて、車は空港前を通って、タウンへと向かって走り出す。こちらはカナに任せる以外ない。

マウントハーゲン発

カナとプンブーさんは長年来の知り合いのようだ。カナは彼の住むゴロカとこのマウントハーゲン間を頻繁に往復しているので、それも頷ける——但し、彼は毎回「ミッショナリーホーム」に泊まっている訳ではない。時に「ハイランダーホテル」、時に「Kiminiga《キミニンガ》 Lodge《ロッジ》」にと、その時々によって違うと言う。

「なぜ、今回はミッショナリーに?」

「ここの方が静かだから」

それはつまり、

「No girl, No alchol, No Smoke（女無し、酒無し、煙草無し）、だからね」

現地人の彼がそれらホテル、あるいはロッジに泊まると、すぐに女が寄って来て交渉を迫ると言う。また飲みたい男も寄って来て、「御馳走しろ!」と。そういったことが煩わしくて、今回はそういったことの一切ない、ミッショナリーを選んだと言う。

確かに、このキリスト教関係の施設では、そういったことはすべて禁じられている。こちらは全く意識していなかったが、もし煙草を吸ったり、酒を必要とする者には居づらい処かも知れない――私はその三つのことにはほとんど無関心だったし、むしろ嫌悪していたので、何の問題もなかった。

ここマウントハーゲンのミッショナリーは同様の施設の中でもあるいは特別かも知れない。夜七時はもう〝夜中〟という雰囲気で、物音一つしなくなり、家全体が眠りに就いていたのだから。

プンブーさんの家はタウンに戻る途中を左折すると在った。Uターンできる空地にカナは車を止め、荷台の人々をすべて降ろした。プンブーさんが持っていたパイナップルを一つカナは貰っている。

十二時を少し回っているが、

「このパイナップルを食べる。切ってもらう為にタウンの友人の処に行く」

機は一時二十五分だから、間に合う。それに一度、朝こちらの名前をオフィスのコンピュータに入力している筈だから、問題ないだろう。

五分後、タウンにある、とある商店の前に車を止める。いい具合にラスカルに遭った辺りではなく、ワウギ・パレード通りの南側、Woyne Road《通り》――植物園の外周通り――に面していた。

カナはその店の友人にパイナップルを切ってくれるように預けると、別の友人と話し込む。パイナップルが来ない限り動けない。

十分も待ったか、ひどく長く感じられ始めた頃、やっとビニール袋に入れられて、それは持って来られる。

カナはそれを受け取ると、運転台で食べ出す。こちらも一切れ頂く。

そして十二時二十七分、そこを発つ。荷台に一人の男が乗っている。彼も友人のようだ。

「何時だ?」

「ほぼ十二時半」

「OK、大丈夫だ。十五分で着くから」

こちらもそう考えている。定刻よりそれでも三十分は早い。

もうどこにも寄らずに空港を目指す。有難いことだ。

十二分後の同三十九分、朝一度訪れているそのオフィスの横に着く。まだ機そのものの姿はない。

マウントハーゲン，空港前の光景

エアリンク社の飛行機（翼、後ろの人の立つ処は、荷物スペース）

チェックインを済ませると、カナの処に戻る。彼は、「少し待っている」と言う。一時頃まで居るようだ。午後に再び二〜三カ所、コーヒー工場を回ると言っていた。今日もミッショナリーホームに泊まるので、何も急いでいないようだ。

エアリンク社では、機内持込み荷物を許可していない。従ってリュックは重さを測られて（八・五kg）、そこに置かれる。係員によって機の後部の荷物スペースに運ばれるようだ。

手ぶらになって、そのオフィス前で待つ。

そしてゴロカからの機は、ほぼ定刻の一時七分にやって来る。それはオフィス近くに止まり、数人の客を降ろし、彼等の荷物も降ろすと、エンジン等の機体チェックが行なわれる。

マダンへ向かう客は「四人」と言う。十八人乗りに四人。しかし飛んでくれれば良い。

その機が来たことを確認すると、カナは別れの言葉を言って、友人を荷台に乗せて駐車場を離れて行く。また一人、親切な人を知る。

機には一時二十九分に搭乗する。機内にはそれでもスチュワーデスが居る。

最初に乗ったこちらは、彼女の指示で前から二列目の一人掛けシートに坐る。そして次に来た白人の修道女は二列目の二人掛けに。

その次には、赤ちゃんを抱いた現地人の婦人が来て、三列目の二人掛けに坐り、最後には現地人の、酋長を思わせる恰幅のいい紳士が搭乗して来る。彼は最前列の二人掛けに坐る。

四人（と赤ちゃん）が乗ると、数段のタラップはスチュワーデスの手によって綱で引き上げられ、扉は閉じられる。そして同三十三分、動き出し、同三十七分離陸する。

プロペラ機だからひどく不安もあるが、乗った以上、幸運を願う以外ない。

操縦席との間のカーテンは開いたままだ。しかしこちらの席からは左の席に坐るパイロットの姿は見えない。ちょっと残念だ。

高度を上げて行くのが分かる。ビスマーク山脈を越すために、十五分後にはかなりの雲海の上を飛んでいる。

スチュワーデスは飛び上がる前に、シートベルトを締めるように告げたあとは、後方の席に坐ったままだ。途中一回だけ、パイロットに何か言いに来たことはあったが。

マダン

平和な町（マウントハーゲンとの違い）

午後二時十分、マダンに着陸する。

以前来た時には夜だったので判らなかった。そしてマダンからウエワクに飛ぶ時も席が窓側ではなかったので判らなかった。今日、今、マダン空港は全く海の側だということを知る。着陸に、そのブレーキ操作を誤まれば、海に突っ込むという風な造りになっている。

しかし勿論そのようなことはなく、ゆったりとした着陸で、五分後にはエアリンク社オフィス前で降機している。

荷物の来るのを待つ。五分程で出て来る。ここからタウンへ行くトランスポートがない。それで前以って最前列に坐っていた現地人の紳士に頼んでいる。その返事は「ＯＫ」だったが……。

彼は降機してどこへやらに電話していたが、迎えの車は来ないことになったようだ。

「仕方ない、ＰＭＶで行こう」

空港から少し歩いてあるバス道路まで行くことになる。二人してオフィスを出る。

その、オフィスを出たちょうどその時、職員を乗せてどこへやら発進するところのエアリンク社のマイクロバスを見る。試みに、それに手を振ると止まってくれる。紳士が行く先を言うと、

「OK、乗って」

二人は白人だが、大して厭な顔もせず、私たちを後部座席に入れてくれる。

二時二十七分、空港を出る（修道女と現地人婦人には、それぞれ迎えの車が来ていた）。

そして数分でノースコースト・ハイウェーに出、そこを左折し、さらに数分走ってModilon《モディロン》通りとのT字路に出て左折する。ここから車の量も増え、マダンの町中へ入って行く。

同三十五分、タウンの中にあるその紳士の家の前に着く。白人にお礼を言って下車する。下車したすぐ前に内庭のある建物を見る。ここが彼の家であり、彼は内庭に駐めてあった、まだ真新しい日本製の四輪駆動車を出すと、こちらを乗せる。宿とするルター派ゲストハウスまで送ってくれる。

地理が不案内なので彼の家がどの辺か判らなかったが、走って一分もせずにゲストハウスに着く。何のことはない、歩いても数分しか離れていない処にあった。しかしその紳士に感謝する。そんな近くであっても確実に送り届けてくれたことに。

同三十八分、二度目のそこに入る。マダンでの日がまた始まる。

荷物を降ろしただけで宿を出る。水曜日なので、まだ商店は開いている。

郵便局へ行き、切手を購入する。ここのそれはひどく暢びりと平和的で、人々もあまり居らず

ルター派教会，ゲストハウス

郵便局近くの広場と，ガジュマルの木

閑散としている。マウントハーゲンとはとても同じ国とは思えない。

そこからヴィッキーの居るＢＰガソリンスタンドに行く。

彼女は変わらずに働いている。戻って来たことを告げ、明日バスでレイに発つことを告げる。

「明朝七時頃、もうここに来ていますか？」

「六時三十分からスタンドは営業を開始していますから、居ます」

明日も会えると知って少し安心し、そして彼女にこれまでのお礼として、缶コーラを買って渡して、そこをあとにする。

帰途、フィリピン人経営のカイバーに行き、フライドライスと魚フライを食べ、夕食用に同じフライドライスとソーセージを買って宿に戻る。午後四時に少し前。

宿の部屋は以前のドミトリィとは違って、今回はカギの貰えない部屋となる。内側からは掛かるが、外からのそれは与えられない。しかしたぶん大丈夫だろうと思って――勿論宿の者は「大丈夫だ」と言っていたが――納得する。それにもう外出はしないのだから。

シャワーを浴び休養する。もうやることはない。

夕方、一人の現地人が同室者として――この部屋も三人部屋――現われる。別に問題ない。彼はしかしすぐに出て行く。

こちらはテイクアウトして来た弁当を七時頃に食べ、それを終えると早々に眠りに就いた。

同室者は結局九時三十分頃に戻って来たようだ。彼が来るまで熟睡は出来ずにいたので、その物音を夢うつつで聞いている。

翌朝、六時過ぎに起床し、六時五十分に食堂へ行き、用意されている朝食を摂って、七時九分、宿を出る。ほぼ考えていたように進んでいる。

七時二十二分、BPガソリンスタンドに着き、仕事するヴィッキーに会う。

「レイに行く良いバスを知っていますか?」

「イエス」

彼女はオフィスを出て、そのバススタンドへと歩き出す。しかしバススタンドに着く前に、客探しをしていたレイ行きのマイクロバスに出会い、彼女の合図でそれに乗り込む。助手に、

「レイのYMCAを知っていますか?」

「知っている」

その返事を聞いて、安心して乗り込む――但し、果たして本当にそこまで連れて行ってくれるのかどうか、ここでは判然としなかったが。

バスはあと一人乗らないと発てないようで、モディロン通りを越えてある船着場へも行く。しかし客が居ないと知ると再びバススタンドへと戻る。

ここでは逆に三人乗る客が居て、すでに乗っていた男二人が別の車に乗り換えさせられる。

そんなことをしてどうにか席が埋まったところで、出発する。運転台に三人、そして後方に十

三人の計十六人が乗り込んでいる。

マイクロバスはヴィッキーの居るBPのスタンドに入り、給油する。四十リットルで二十七K程だったから、一リットルは六十五t位しかしない。マダン↓レイ間の運賃は二十Kで客が十三人として、二百六十Kになる。差し引き、一日二百三十K余にもなれば〝いい仕事〟ということができるだろう。車の維持費はあるとしても、邦貨にして一万円以上なのだから、この国ではいい稼ぎということができよう。

レイへ、陸路移動行

七時四十五分、スタンドを発つ。そしてレイへの道を進んで行く。

マダンの町中を離れるとアスファルトではなくなり、デコボコ道となる。左右の光景は緑々の森・林。ジャングル地帯だ。これから先の光景にほとんど変化はない。それで以後、記録という意味から、橋を渡った時刻を記してゆく。

七時五十三分、最初の鉄製の、一車輛しか通れない――それは渡り切るまで一車輛しか乗っていられない――橋を渡る。

七時五十五分、「四マイルマーケット」という地点に着き、小休止。まだ十分程しか走っていないので、ちょっと早過ぎると思うが、客は下車して、各種食べ物を購入している。

六分後、出発。

八時九分、コゴロ橋を渡る（隣席のおじさんが親切にその橋の名を教えてくれる。このあとに出てくる名称もそのおじさんの言葉による）。

八時二十三分、川底水が少し流れる処を渡る。橋でない渡河なので、水が溢れていたら、どうするのだろうと考えてしまう。

同三十五分、橋を渡る。隣のおじさんが何か食べているので見せてもらう。

「Galip Nut」

と言う。一つの実の中に白く細長いそれが四つ五つ入っている。それを一片《かけ》もらって、口に入れる。ココナッツと違うが、少し油っぽい、それでいて味は淡白なナッツだ。

八時五十七分、五十八分、小橋を続けて渡る。

九時四十分、山中にあるUSINO《ウシノ》村で止まる。ちゃんとマーケットがある。十分間停車。

ウシノ村，マーケットの光景

ここで一人の男が乗り込んで来て、こちらの居る一番後ろの席に来る。それまで三人だったのが四人となり、ひどく窮屈となる。リュックをタテにヒザの上に乗せていなければならなくなる――これまではヨコにしていられた。しかし、アフリカやインドのことを思い出して、「良し」とする。

同五十七分、十時四分、同十三分、十八分、二十四分、二十九分、三十四分、三十九分（川底を行く）、四十三分、四十八分、それぞれ橋を渡る。

その最後のを渡って少し走った頃から、視界が左右とも展け出す。ジャングル地帯を抜けたことを知る。遠くに小高い山も見え出す。州（Province）が変わったのだと思う。

十時五十三分から四分間、アスファルト道となって揺れが少なくなる。ここまで来るまでの九時台、十時台はあちこちで道路工事が行なわれていた。大型ダンプ、大型工事車輌がその度、路肩にあるいは本道上に止まっていた。いつになったら全線アスファルト道になるのだろうか。十年、二十年はかかるのかも知れない。

再びデコボコ道となって十一時八分、同十四分、橋を渡る。そして少し行くと、アスファルト道となる。隣のおじさんが、

「ここから先はずっと良い道になる」

確かに、アスファルトが切れたあと、少しデコボコになったが、ちょっと行くと再びアスファルト道となり、十一時二十二分、ラムシュガ村に着く。

ガソリンスタンドに止めて、ここでも十分間の休憩。同三十二分発。

同五十三分、ゴロカへ向かう道の分岐点、パカンブエリ村通過。

十二時八分、UMI橋を渡る。同三十五分、道は右に曲がり、比較的長い橋を越える。

午後一時ちょうど、レイへ十四マイル地点通過。

同十六分、空港への分岐点通過。右へ曲がって行くとそこに至る。明後日の朝、そこへ行くことになる筈だが……。

同二十四分、山中のウシノ村から乗って来た男が下車する。やっと再び席が三人となり、左右が楽になる。二分後出発。

同三十五分、十一マイル地点通過。

同三十八分、BULOLO《ブロロ》, WAU《ワウ》方面への分岐点通過。一分後、警察の検問所を素通りする。

「止まらなくていいの？」

隣のおじさんに問うと、

「Not, duty（義務じゃない）」

こちらにとっては有難いが。

同四十三分、五マイル地点で、一人下車する。二分後、発。

同四十七分、三マイル地点でも一人下車する。一分後、発。

同五十五分、レイの町中、中心の“Top Town《トップタウン》”という地区の商店前に止まる。

ここで隣のおじさんと、その連れの前席に坐る男と、もう一人の男と私の計四人を残して、他の客はすべて下車する。運転台の三人は乗ったままだ。

二時三分発。ここからこちらの宿のＹＭＣＡを探して走る。しかし……。

トップタウンからHuon Road《フォン通り》に出て、そこを左折し、植物園外周に沿って走る。Milford・Haven Road《ミルフォード・ハーベン通り》との交差点を右折して、Bumbu Road《ブンブー通り》に合流し、そこを右に行き、すぐのブンブー橋を越えて止まる――この間、各通り上でその宿を探していたが、見つからない。それで――隣のおじさんたち三人を先に降ろす。私一人が後部席に残ることになる。

Ｕターンして町中に戻り、運転手達はＹＭＣＡ探しを再開してくれる。三人を降ろしたあと、

「自分であとは探せ！」

と言われるのではないかと、ちょっと心配していたが、彼等はこちらの日本語のガイドブックの地図を見ながら、あっちこっちと言い合って、行くべき方向を探ってくれていた。

結局最初間違えたＹＷＣＡ前に再び出てみる。今度はその前に居た少年に訊いてみる。

そして彼の指差す方向へ向かう。

車はＵターンして最初の角（Hawk St《ホーク通り》）を左折し、次の通り（Cassowary Road《カソワリー通り》）を左折すると、すぐ左側の鉄網フェンス際の木蔭に止められた。何の看板もないので、分かりづらいが、それがＹＭＣＡだった。

運転手達にお礼を言って、下車する。二時二十五分。

レイ

宿泊処、ＹＭＣＡ

内庭を入って行くが、受付には誰も居ない。その扉《ドア》さえカギが掛かって開かない。ドアの前に居ると、ここで生活しているのであろう、女の人が声を掛けてくれる。

「受付は夕方にならなければ開かない」

こちらは荷物をどこかに置かなければならないので動けない。少しすると、別の現地人の女の人が来て、同じことを言う。荷物のことを言うと、

「セキュリティの人に頼んであげます」

と言って、その男の人を連れて来てくれる。彼、YORASA《ヨラザ》さんの好意によって、ＹＭＣＡの宿泊棟から少し離れてある、彼等従業員達の棟の、彼の部屋に置かせてもらえる。

三時三分、ＹＭＣＡを出て歩いて町中へ行く。先程バスがＹＭＣＡを探してあちこち回ったので、いくらか地理は摑めている。ＹＷＣＡ前に出て、７th通りを真っ直ぐ行き、フォン通りを越えた次の道（Central Ave《セントラル通り》）を左折する。そこを行けばトップタウンの中心へ行く。

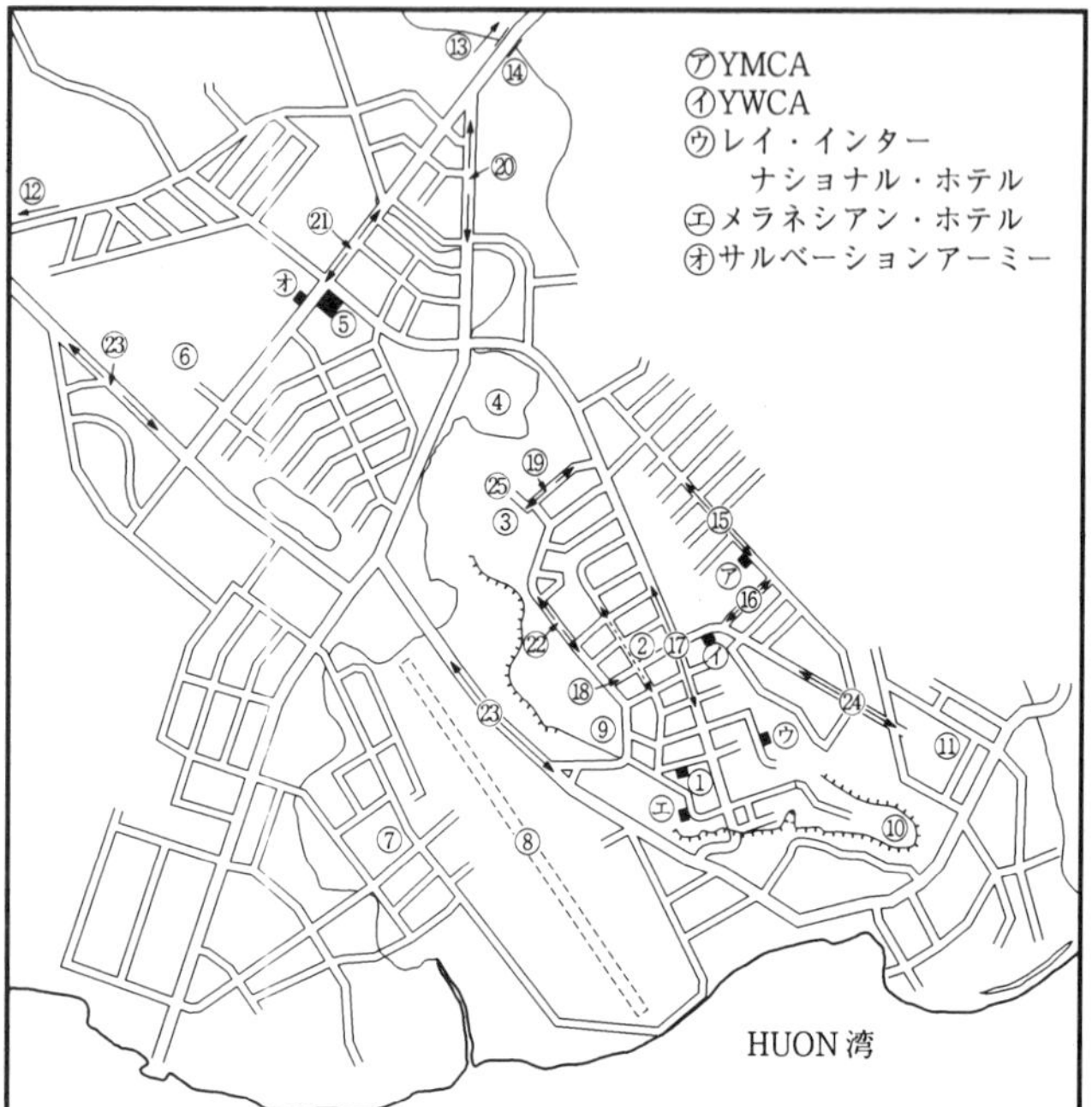

①P O
②Central. Ave
PMVバススタンド
③戦没者墓地
④植物園
⑤エリク，PMVバススタンド
⑥ゴルフ場
⑦メインマーケット
⑧旧滑走路
⑨Top Town 地区
⑩ルナマンの丘
⑪チャイナタウン
⑫空港，マダン方面へ
⑬レイ工科大学方面へ
⑭Bumbu 橋
⑮Cassowary 通り
⑯Hawk 通り
⑰Huon 通り
⑱7th 通り
⑲Memorial 通り
⑳Milford Haven 通り
㉑Bumbu 通り
㉒Coronation 通り
㉓Markham 通り
㉔Sandpiper 通り
㉕Orchid House

レイ市内図

その中にあるスーパーマーケットで缶コーラと缶ジュースを買う。ジュースはそこで飲み、コーラは持ち帰る。

次に郵便局へ。雰囲気を感じるために。ちょっとした高台にあるので、それはすぐに判る。スーパーより歩いて三分で着く。マウントハーゲンのそこより全く平和的だが、マダンに比べると人も多く、切手を買うのに行列さえ出来ている。マダンで郵便関係の用件を済ませていて正解だった。

三分そこに居て、来た道を通って宿へと戻る。この町でももしかし、人が大勢いる処では少々不安がある。誰がこちらを狙っているのか分からないという不安が。

三時四十八分、ＹＭＣＡに戻り着く。現地人スタッフの受付オフィスが開いていて、チェックインしている。こちらも早速、二日分の三十Ｋを支払って部屋を取る。

そこは二階の、カソワリー通りからは見えない反対側の内庭に面している。広さは三畳程、全くベッドがあるだけの——いや壁際に粗末だが机と椅子もあるが——簡素なものだが、それなりにカギもしっかり掛かり、十五Ｋなら、良し、というもの。但し夜具は敷きっぱなしのマットレスだけなので、この旅行に出て初めて持参のシーツを出す——就寝に際して、当初それを出さずに寝入っていたが、暫く我慢していたが、夜中寒くて、リュックから引っぱり出している。

部屋を取ると、ヨラザの処へ行きリュックを回収して来る。

そして廊下を進むとあるトイレと隣接しての、シャワーを浴びる。仕切りのない四つが並ぶうちの一つで、陸路バス行での汚れや汗を落とす。

夕食までの時を送る。ヨラザはカソワリー通りに面してある鉄扉の処に居る。そこが彼の定位置《しごとば》だ。セキュリティ。彼は丸太の上に坐って来所者をチェックする"Watch man"だ。傍に、道行く人を相手に果物や何やらの木片を売るおばさんたちも居る。見た目には穏やかな光景。

彼に明後日の空港への足のことを言うと、アレンジしてくれると言う。

「十五K」

その位の額は覚悟しなければならない。何しろ車で三十分位かかる筈だから。そこまで行く公共のトランスポートはないと言うので、頼まざるを得ない。

ここの宿代十五Kには夕食と朝食が付いている。夕食は六時過ぎと言う。その時刻まで待つ。六時前頃から再び敷地への入口辺に行く。ヨラザは居る。彼の娘という三人の子供も今は居る。十八、十七、十六歳と年子の三人だ。彼女等とも話して、こちらを知ってもらう。とにかく仲間を作った方が旅行はし易いのだ。

娘さんたちから一人の青年、ウィリアムも紹介してもらう。夕暮れ故に顔ははっきり見えないが、真面目そうな雰囲気をしている。

六時二十分頃から食堂は開き、夕食は供される。ライスに肉野菜煮。それに煮バナナ二本というカイバーで食すれば二〜三Kのものだが、外に行かずに済むというのは有難い。それにこの宿泊施設に居る者達にもこちらを知らせることが出来て良い。

七時近くまで、一緒になった女の子と話しながら過ごす。色違いの客に興味を示してテーブルに来たのだが、肝心のヨラザの娘たちは約束していたのに、その女の子の姿を見て、逆に来ない。彼女等は自分達の部屋にそれを持って行って食べるようだ。ここに長く居る者はそれぞれの皿や湯呑みを持っていて、それに入れてもらって食べている。それの方がお互い納得ゆくだろう。

夕食後に、見かけた長女のカディに、

「明朝食は一緒に食べよう」

と約束して、部屋に戻る。もうやることはない。八時には眠りに就く。レイの一夜も終わろうとしている。

翌朝六時十五分、まだ薄明るい中、起床する。この明るさはウエワクやマダン、そしてマウントハーゲンとも同じだ。

朝食を七時に一緒に食べようと交わした約束を守るべく、その数分前に行くが、やはりカディの姿はない。食堂は開いていて、すでに十人近い者が食している。

朝食は紅茶とトーストだけのもの。トーストはトースターで宿泊者が各自焼くのだが、それは一つしかなく、先客が使っているので焼かずに食する。紅茶も前の者の使った葉をそのまま使う。別に味など大した問題でない。水ものを何か、喉を通せばいい。

七時十分頃まで居るが、カディは来ないので食事を終えて部屋に戻る。

同二十分、ヨラザの処に行ってみる。カディのことを言い、どの部屋に居るのか、尋ねる。可能なら一緒に動いてもらいたいと思って。

彼女の部屋は同棟（YMCA宿泊棟）の一階にある。ヨラザが声を掛けると、二女が出て来る。まだカディは寝ているようだ。それならそれでいい。

一旦部屋に戻って、出掛ける用意をして下へ降りると、ちょうどカディが居る。まだ起きたばかりという表情をしている。

「七時に待っていた」

と話すと、ちょっと申し訳ない顔をする。その顔を見て、彼女の気持ちを察して、それ以上何も言わない。それで別に何も問題ない。

ヨラザと内庭の扉口の処に行く。まだ八時前で出るのは早い気もして。それに何となく一人で

ヨラザさんと彼の住まい（従業員棟）の扉口辺

は出掛けづらくて。

少しして部屋への戻りに、朝食のパンを抱えたカディに会う。

「今日、自由《フリー》なら一緒に回ってくれませんか？」

と尋ねてみる。しかし彼女は当惑して、

「いいけど、一緒に居るのはリスキーだから。誰か男の人の方がいいと思う」

私は、昨日紹介してくれたウィリアムのことを問う。すると、「彼は上の階に居る」と言う。

彼女ではなく、後ろから来たヨラザが声を発して試みに彼を呼んでくれる。二度程呼ぶと、いい具合に彼は居て、二階から顔を出す。

「今日、何か予定はありますか？」

「いや、フリーだ。用はない」

それを聞いて、一緒に町中を回ってくれないか、と頼む。彼はヨラザの口添えもあったが、あまり考える風もなく、了解してくれる。

町中見物、青年と共に

七時五十三分、ＹＭＣＡを出る。午前中の半日を動けば良いと思う。そのことを告げる。

宿を出て右に歩き、いつも曲がるすぐの右（ホーク通り）へのコースは択《と》らない。突き当たりまで——Sandpiper《サンドパイパー》 Road《通り》まで——行く。その通りを左に行けば覗いてみたいと思っていたチャイナタウンに行き着くが、そのことをヨラザに言ったところ、

「今はそこはラスカルが多く居て危険だ。酒を飲んでる連中ばかりだから」

　真偽の程は判らない。しかしそう忠告してくれていたので、そこへ行くことはしない。またサンドパイパー通りを突っ切って〝ルナマンの丘〟に行くことも考えたが、そこも危険なようなので止める。ここまで来て、敢えて危ない処に行く必要もないだろう。ウィリアムは、

「私は従って行くだけだから、もし山（丘）に登るのだったら、それでもいいよ」

　と言ってくれたが、サンドパイパー通りを右に曲がって、中心へと戻って行く。

　十分後、ＹＷＣＡ前を通ってフォン通りとの交差路に着き、そこを右折する。植物園の外周を通って、メインマーケットまで歩くつもりだ。しかし右折したすぐの処にドラム缶が置かれていて道は封鎖されている。人間は歩いて行けるが、車は入り込むことはできない。

　そちらへと少し行くと、どこやらの学校の制服を着た生徒が、引率の先生を先頭に歩いて来るのに会う。四～五校の生徒たちが縦に続く。それぞれの制服の色の違いによってその境を知る。その境目には各校の代表者が校旗を持っている。生徒たちの向こう側の路上には〝Defence force〟と記された制服を着る一団も居る。

　何なのか、当初判らなかったが、

「今日は〝Remembrance Day〟で休日だ」

とウィリアムは言う。とすると、ウエワクでの七月十九日は果たして何だったのか。その日も確か、そのような日と言っていたが。

それを記念するセレモニーが行なわれるのだ。Defence force の次には警察官の一団がやって来る。そしてもう一団、クリーム色の制服に、臙脂のベレー帽がやって来る。

私はウィリアムに促されて、フォン通りから戦没者墓地への、Memorial《メモリアル》 Ave《通り》 の角で、そのセレモニーを見つめる。

そちらの方向から私服姿の一団も来る。年齢がどの一団よりもいっている。この町の〝偉いさん〟たちだろうと想像する。

フォン通りに各団体が整列してゆく。その曲がり角に、彼等を先導する太鼓隊が、ブルーの制服を着て集まっている。十人程と少ないが、彼等の演奏を合図に、九時少し過ぎ、各団体は

戦没者墓地への道で，太鼓隊

戦没者墓地内で，セレモニーを見る市民たち

歩き出す。戦没者墓地へと向かって進んで行く。見物の人々がそれを追うように、横を一緒に歩いて行く。同墓地までは、ゆっくり彼等を見ながら歩いても五分で着く。

墓地に隣接する Orchid House 前の草の広場で全員がそこに整列し、セレモニーは始まる。それを囲むように見物の人たちが居る。

私とウィリアムは陽射しを避けて、彼等とその聴衆から少し離れて、木蔭で休む。今日はウィリアムの出身地、ニューブリテン島のKIMBE《キンベ》でも同じような行事があると言う。彼にとっては大して珍しくないことのようだ。

墓地に二十分居て、そこを出る。まだセレモニーは始まったばかりで、来賓の話がしばらく続くようだ。

九時三十二分、フォン通りに出て、左に進んで行く。ウィリアムは右に行くつもりだったらしいが、こちらが「左へ」と言ったのでそれに従ってくれる。

十分後、ミルフォード・ハーベン通りと交差して、そこを左折してバスを待とうとしたが、

「バス停はそっちにはない」

彼は直進して行く。

そして五分歩くと、Eriku《エリク》バススタンド近く（大きなスーパーマーケットに隣接してある）に着いてしまう。まさかそこまで行くとは思っていなかったが、メインマーケットへ行くバスの停留所はその間にはないようだった。もっと遠いと思っていたそこが、案外近くて、そして実際、そこを見られて良かったと思う。

バスは幾台も止まっている。そのうちの、

「マーケット」

と助手が言う、客を呼び込む一台のマイクロバスに乗り込む。九時五十分。

バスはミルフォード・ハーベン通りを右折しないで直進し、戦没者墓地への道の一つ先の通りを右折する。乗合バスはこのルートを通って行くのだ。それでウィリアムが先程、墓地からの時、右に曲がろうとしたことを得心する。

六分後、トップタウンのバススタンド（セントラル通り）に着く。ここで半分の客が降りる。そして新たな客を乗せるべく、暫く客探しの、ゆっくり走行をする。同通りをゆっくり往復する。

十時、そこを発つ。幸い満席近くになっている。ここでウィリアムの兄とその友人が乗り込ん

トップタウンのバススタンド

で来る。あとで話を聞くと、二人はウィリアムを訪ねてＹＭＣＡへ行ったが、出掛けた後だったので、彼を探していたところだったと言う。偶然ここで会えたのだが、私は心底良かったと思う。今朝、唐突に連れ出した私はいくらかそのことに後ろめたさがあったから。

しかしウィリアムは、

「兄が来るかどうか、はっきりしていなかったから、気にすることはないよ」

と言ってくれた。

彼等と共にメインマーケットへ向かう。

五分でそこに着く。

下車して、ここに来た目的の一つである空港行きの車を探す。生憎今はないが、そのバスが止まるという場所を確認して、そこを出る。あまり便数のある路線ではないようだ。客が集ま

メインマーケットにて，ウィリアム（左）とその兄（中）とその友人

らなければ出ないのはここでも同じなようだ。

休日の今日、マーケットも休みで、人影はほとんどない。

十時十八分、その場を離れる。戻りは旧滑走路を横切って行く。その周辺は今は雑草の生繁る空地だ。トップタウンへはそこを横切れば、そしてMarkham Roadを越せば十分で着く。

郵便局に出て、その前にある公衆電話から次の訪問地のラバウルの宿へ電話を入れる。

しかし相手は、「今日は休日だから」と言って要領を得ない。それで宿《それ》は現実に飛行機が飛んでからでもいいと考え、明朝、フライトが確認された時点で改めて入れることにする。

兄とその友人とはその公衆電話の処で別れる。私はウィリアムを昼食に誘う。せめて昼食位は御馳走しなければと思う。まだ十一時だが、空腹は感じている。

郵便局前の公衆電話ハウス

彼の知る近くの小綺麗なカイバーで、ライスに肉野菜煮掛けの、いつものニューギニア料理二人分を二人で分けて——彼は別に、タロイモとソーセージを——食する。あと、飲み物にスプライトを買って。

三十分余りそこに居て、彼との写真を撮り、店を出る。そしてゆっくり歩いて帰宿する。まだ昼前の十一時五十五分。

レイでの予定も終了する。また幾人かの親切な人と知り合う。いい一日だったと思う。

YMCA、とそこに住む人達

午後、外出しない。可能ならチャイナタウンも覗いてみたいと思うが、一人で歩いて行く程の気力はない。この国では、この旅行はもはや、、、、何を見るというのではなく、ただ町を、その雰

YMCA の部屋の前の廊下

囲気を感じれば良い、という風になって来ている。それはアフリカの時と似ている。特別に見るべきものがあって、そこへ行く、というのとは違くなって来ている。一人ではひどく行動が限られているからだ。確かに齢を感じて、臆病になっている風もある。そんな自分を肯定しているから、半日で一日の行動を終えるということも仕方ない。

ＹＭＣＡの部屋で夕食まで過ごす。一度ウィリアムを彼の三階の部屋に訪ねたが、外出していて会えなかった。居れば少し話そうと思ったのだが。

六時二十分、夕食に食堂に降りて行く。今日はごはんに、“kumu《クム》”という草の煮込みと、少しの野菜汁。それに昨日と同じ煮バナナ、二本。それでも現地人として食べれば充分な一食。

それに今日は果物としてのバナナもあった

し、そのあとにパパイヤの一切れも支給されて、昨日と違う夕食となっている。その皿を貰ってテーブルで食べようとしている処に、ウィリアムがやって来る。こちらが先程訪ねたことを隣室の男に知らされて、来たようだ。

「午前中、一緒に行ったエリクマーケットに行っていた」

誰か友人と会っていたようだ。日本のような遊ぶ施設、道具、あるいは繁華街のないこの町の人々にとって、マーケットとかバススタンドとかが暇潰しに行く処となっている。他には、行って楽しいような処はないようだから。

また自宅に居てもテレビのある家は少ないし、それに日中は暑くてどうしようもないから必然的に外に出て、ただブラブラしているということになる。それが人間本来の過ごし方かも知れない。

夕食を七時過ぎまでウィリアムと、そしてその後に来た彼の友人のボブという男と食べて過ごし、そこで二人と別れる。もうあとは眠りに就くだけだ。この旅行に出てから八時過ぎに寝るということはあまりない。その頃にはすでにベッドに入ることが多い。明日の空港行きのバスと、そのフライトがあることを祈って、暑い部屋で眠る。裸でいい。

昨夜中《よなか》と同様、たぶん十二時過ぎだと思う。寒さを感じて、シーツに包《くる》まる。袋式のそれを持って来て正解だった。寝袋までは必要ない。シーツの中に入れば寒くはないから。

時々、目を覚ましている。一度、よく寝たと思って時計を見ると、まだ十二時半だった。そのあと近隣のどこかの部屋で鳴る目覚しの音を聞くが、外はまだ暗く、起き出さない。

五時前にも目を覚ます。その後はウトウトして、時計を見ながら、六時を刻んだ処で起き出す。トイレ、シャワーを使い、荷物を整え、明るくなり始めた六時四十五分、一階の食堂に降りて行く。

しかしまだ閉まっている。だがこちらの姿を見て、調理場から係の女の人が出て来て、食堂《そこ》への扉を開けてくれる。今朝一番の客となる。

昨朝と同じ、食パンと紅茶だが、よく見ると、〝ミロ〟があるので、それを淹《い》れる。さらに食パンの皿には昨日にはなかったソーセージも乗っている。

ウィリアムと〝七時〟と約束していたが、七時を過ぎて少し待っても来ないので、先に一人で食べ済まして、ヨラザを探す。

内庭の鉄扉口の処に行くが、居ない。一旦部屋に戻って、すべての出発の用意を整え、三階のウィリアムの処に行く。彼はまだ眠っている。夜遅くまで起きていたのだろう。

階下《した》で待っていることを告げて別れる。一階へ行くと、ヨラザが呼び止める。

「探していたよ」

彼は言う。こちらも、

「探していたところだ」

と返す。彼は受付への扉を開け、そしてエアリンク社に電話するよう言う。私は受話器を取ってその番号を押すが、〝話し中〟のようで、彼に受話器《それ》を渡す。一旦切って再度押し直すと、暫く呼び出し音があって、今度は相手が出る。

ラバウル行きの便を問うと、「出る」という返事が返って来る。そして、

「十時」

と。それを知って、電話を切る。

ヨラザは次に空港へのトランスポートの手配の電話をしてくれる。

「BALUS BUS」

と彼は言う。こちらは八時か八時半にしたかったが、電話の相手の都合で、

「八時から八時十五分の間に迎えに行く」

ということになる。それを確認すると、ウィリアムを探すべく上へ行こうとする。すると、そ

受付の部屋の前でヨラザさん

の階段の処で彼と会う。

ラバウルへ、Air Link 社のフライト

昨日の時点までは、空港へどのようにして行くか、決断できずにいる。それというのも、安価に行けるローカルバスという選択もあり、それが非常に魅力的だったから。加えてウィリアムがこちらの不安を慮って、「空港まで送って行くよ」と言ってくれていたので、尚更そちらの選択にも傾いていたのだ。

しかし土曜の今日、ＰＭＶバスが普段より少ないということを聞いて、専用バスで行くことに決める。ウィリアムと一緒できないのがちょっと残念だが——たぶんローカルバスでも八時にはマーケットを発てば、一時間かかったとしても、十時には間に合うと思っていたが。

少しの出会いがあって、すぐに別れがある。それがちょっと辛い。撮った写真を送ることを約束するだけだった。

七時五十分、予想より早く、迎えのそのバスはやって来る。運転手以外には一人の男が乗っているだけだ。窓から手を出し、ウィリアムとヨラザと最後の握手をして、その敷地内を出る。

バスは空港とは違う方向へ走る。他にもピックアップする客が居るだろうと思っている。

十分後、なんとレイ工科大学（Uni Tech）の敷地に、そのゲートを越えて入って行く。

そして広い敷地内を少し走って、たぶん学生寮だろう、そこの裏手に止まる。

後部席に乗っていた男が下車する。ピックアップではなくて、その逆だ。たぶん彼は朝の便でレイに到着したのだろう。空港から送られて来たのだ。

その学生が降りると、私一人となる。工《こ》科大《こ》学からも誰か乗せる予定らしく、運転手はゲートの手前で車を止めると、無線で会社と連絡し合う。しかしそれに該当するような客の姿はなく、ゲートを出ると——それでも少しの間、その周辺で探していたが、居ないことを知ると——町へと戻り出した。

　この運転手、ひどくスピードを出すので怖い。大方の車を追い抜いて行く。もう少しゆっくり走ってもいいのに、と思うが、何かに急き立てられてでもいるかのように疾《と》ばす。

　こちらは運転台の後ろに居るが少々身を横にする。対向車と何かの拍子でぶつかれば、こちらも死ぬな、と思う。対向して来るのがトレーラーとか大型車だとぶつからないことを祈っている。こういう者が半公共の車の運転手をしているところにこういう国の実態の一つがある。

　それでも八時四十四分、無事空港に着く。まだロビーは閑散としている。マダンやウエワク、そしてマウントハーゲンよりもそれは広い。建物内にはちゃんと食堂もあり、営業している。ここでは同じ屋根の下にニューギニア航空もエアリンク社もある。

　エアリンク社のカウンターには誰も居ないが、ちょっと待つと係の——と言っても荷物運びも兼ねる作業服姿の——男が来て、チェックインは済む。

リュックを預ける。十kgになっている。マウントハーゲンを出る時は八・五kgだったのに、何が増えたのだろう――一つあるのはジャンパーだが、それが一・五kgもあるとは思えないが。建物内をあちこち動く。町中心から四十kmも離れているので、用のない現地人は居ない。皆どれかのフライトに乗る者ばかりだ。

時と共にニューギニア航空のカウンター前には行列が出来てゆく。しかしエアリンク社の処には誰も来ない。

ラバウルでの宿を確保すべく電話を掛けようとするが、うまく通じない。フライトさえあれば宿の予約はそれ程重要ではない。

フライトの定刻は十時十分、それより三十分前にその機は着陸している筈（時刻表ではそうなっている）だが、その姿はない。ニューギニア航空のが一機と、HEVI社の機が一機着陸しているだけだ。

十時十五分を回ったところでしかし、それまでカウンター内、見える処にあったこちらのリュックが無くなっているのを知る。それを確認すべくそのカウンター内に入り、その奥の、滑走路へ通じる処に行く。そこにはチェックインをした男ともう一人、こちらのリュックを枕にその荷車に横になる男が居る。

「今、やって来る」

チェックインした男が言う。それを聞いていくらかホッとする。一時間は遅れずに済むようだ。

初めての町の場合、なるべく早くそこに着いていたいから。

そしてそれから五分後の十時二十分、エアリンク社の機は着陸する。こちらが居る近くまで来て停止する。降機客は白人の女の人が一人だけ。

こちらのリュックを枕にしていた男は、機が着陸すると、停止誘導をするための指示板と車輪止めを持って、そちらへと歩み寄って行く。チェックインしてくれた男はこちらのリュック一つを大きな荷車（男が寝ていた）に乗せて、機の荷物収納スペースまで押して行く。

白人の女は建物内に入らず、到着ゲートの処に立っている。どうやらこの町で降りるのではないようだ。

十時三十分、缶コーラを持った制服に半ズボンの白人パイロット（先程停止と共に降機していた）が機内に乗り込んで行く。そして三分後、チェックインしてくれた男の合図で私も乗り込む。

機内にはマウントハーゲンからマダンへの時と同じ制服を着たスチュワーデスが一人居て、迎えてくれる。こちらは指示される前に、今回は一番前の二人掛けシートに坐る。この機も十八人乗り。お客は私とその白人の女の人の「二人だけ」、と荷物を運んだ彼から聞かされていた。たった二人の客に、二人の乗員。贅沢なフライトだ。

あとから乗り込んだ白人の女の人は、ここレイまでもそうして来たようで、

「またいいですか？」

と言って、操縦席のもう一方の席（右側）に坐った。白人だから許されることだろう。

二カ月間、日本に居た男

一九九九年七月二十四日、土曜日、午前十時四十分。エアリンク社ND100便はレイを三十分遅れで離陸する。小型機なので滑走路をいくらも走らぬうちに飛び上がる。

操縦席のパイロットは、離陸から暫くは忙し気に計器類をチェックし、各スイッチを微妙に調整していたが、上空に上がって十五分もすると、ひどくリラックスする。操縦桿を握っている訳でもない。自動操縦に入ればむしろ機器に任せてゆくべきなのだろう。缶コーラを開け、飲み、また各資料に目を通す。確かに一人なのでやることはいくつもあるようだ。

一時間二十分のフライトは小型機では長い方かも知れない。これがニューギニア航空だったら、何か飲み物でも出るのだが、この会社では何もない。スチュワーデスは後方の座席で途中から横になっているらしく、姿が見えなくなっている。確かに乗客が少なく、快調なフライトの場合、バスよりも船よりも眠りを誘うものだろう。

幸い、パイロットの方はそのような気配は見せず、絶えず何かの資料、文章に目を通している。

雲海の中を通る時に少し揺れただけで、あとはほとんど安定して進む。

眼下にはニューギニア島の陸地があり、それが尽きると海に変わる。しかしすぐにまたニューブリテン島の陸地が現われる。機窓からもはっきりと近くにそれが見える。

五十数年前、日本の航空隊の戦闘機もこの辺りを飛んでいたのだろうと思うと切なくなる。往きのみの燃料しか積まず、出港して行った若者の気持ちは如何ばかりだったか。

この辺の海底に無数の骨が沈んでいるのだろう。今は暢びりとそれを見る自分は……、申し訳なさが込み上げて来る。思うことはただ一つ。何があっても戦争を繰り返してはいけないということ。死は天寿を全うして初めて許されるものと思う。殺し合いの果ての死は、最も忌避すべきものだ。

十一時五十七分、HOSKINS《ホスキンス》に着陸する。

二分後、空港建物近くで停止する。機内に収納されているドア兼タラップが降ろされ、操縦席から白人の女の客が降りて行く。ここではパイロットは降りない。私も降りない。

彼女の荷物が降ろされ、そして乗り込んで来たのは客ではなく、パイロットの制服を着た白人の男だ。彼が今度は女の人が坐っていた操縦席に坐る。あるいはこの機の戻りのフライトはこの男が担当するのかも知れない。つまりこの機はすでにここまでに四回の離発着を繰り返している。スケジュール通りで言うと、まず七時三十分にマダンを発ち、八時五分、マウントハーゲン着。同二十五分、同地を発ち、同五十分、ゴロカ着。九時五分、同地を発ち、同四十分、レイに着く。

そしてレイを十時十分に発ち、ホスキンスには十一時三十分着となっている。このあとはラバウルに飛び、そしてホスキンス、レイと戻り、レイからマダンに行くことになっている。ラバウルまでの所要時間は約五時間で、ここで交替というのが就業規則から言っても白人の中では妥当なところだろう。

そして確かにホスキンスを十二時七分に離陸した機は、どうやら二人で――どちらかが主であり、副という役割で――操縦しているらしく、フライト中二人は頻繁に話し合っている。

上空《ここ》でも安定した飛行は続き、客は私一人となり――スチュワーデスはやはり後方座席で横になっているようで、姿は見えず――ひどく気楽な機中だ。

パイロットというのはやはり遣り甲斐のある職業だと思う。誰もがなれる仕事ではないからだ。その為の訓練は多く大変なものだろうが、コンピュータの管制下に入ってしまえば、車より安全かも知れない。それにこのような国の小さな航空会社で働くというのは、大国のそれとは違った楽しさがあるような気がする。

十二時五十三分、ラバウル、TOKUA《トクア》空港に着陸する。これを主に行なったのはホスキンスから乗り込んだパイロットのようだ。ホスキンスの時と同様、ほとんどバウンドすることのないランディングだった。

三分後停止し、扉が開かれ、すぐに降機する。荷物はこちらのだけだから、そこから持って行こうとすると、係員に向こうで待つように言われ、到着ロビーへ歩いて行く。

待つこと五分、一人の男に運ばれて来たそれを受け取ると、出発ロビーに入る。

ここからできたら宿の予約をしたい。電話のある処を問うと、もっと先方と言う。

そのことより先にここからケビエンへのフライトの予約の再確認をするべく、Islands National Air のカウンターに行って航空券を見せる。しかし相手はそれを見つめるだけで何もしない。大体そのような再確認をする者など居ないのかも知れない。小さな航空会社の場合、その券を購入した者が、利用しないことはないだろう。航空会社の方の都合で欠航になることはあるにせよ。

何もしないので諦めて、建物内を少し戻ると、何とツーリストオフィスがある。

ドアを押して内に入ってみると、テーブル越しに職員らしき男（現地人）が一人居る。彼に目礼してパンフレット立てに並ぶそれ等を手に取り、見つめる。するとすぐに彼が、

「その本は、これか？」

と話し掛けて来る。彼はこちらの持つガイドブックと同じものを机の中から取り出す。

「そうだ」

「じゃ、日本人か？」

「そうだ」

「俺は二カ月、日本に行っていた。広島だけれど」

こんな処で日本に行ったことのある現地人と会うとは思っていない。

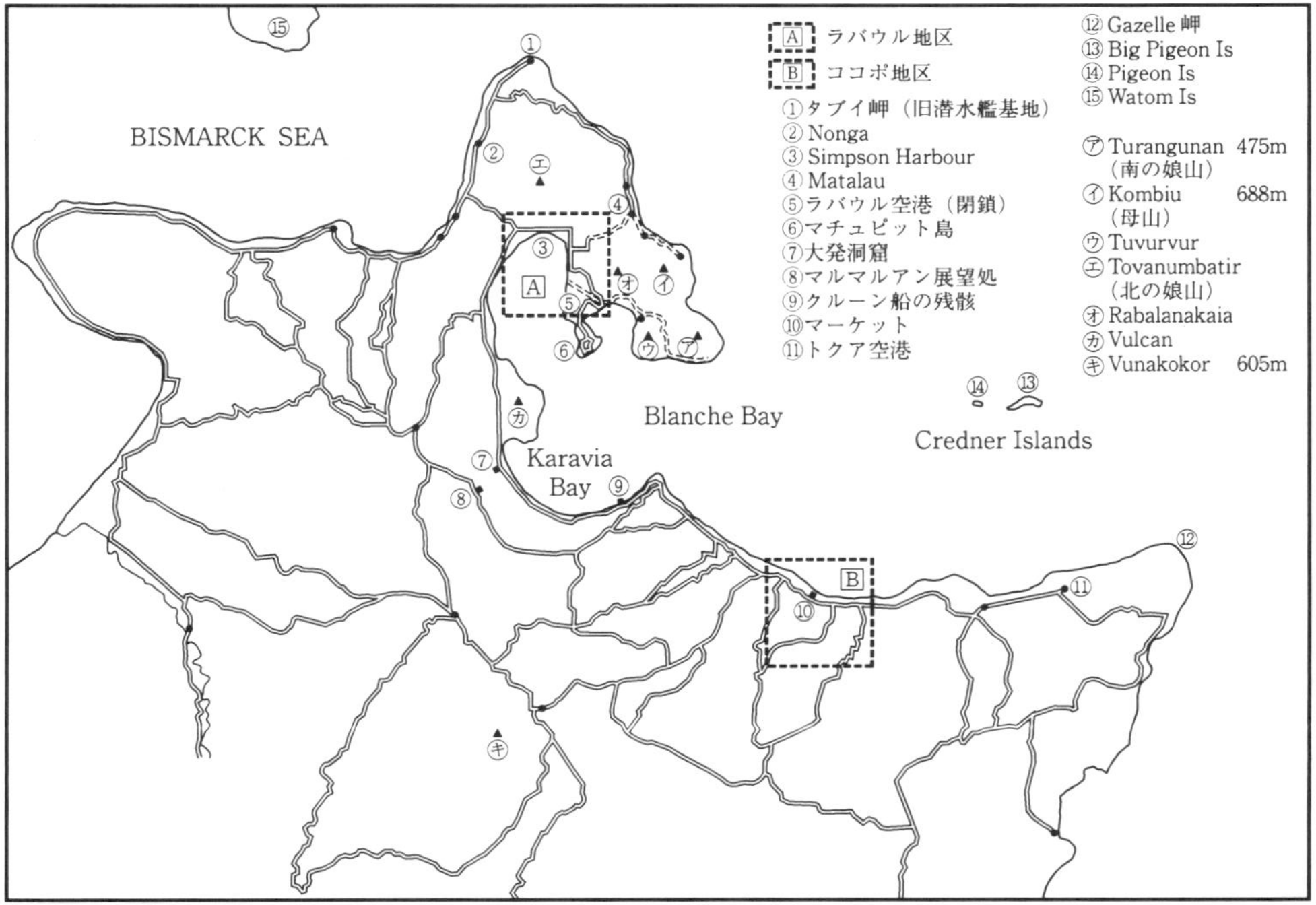
BISMARCK SEA
Blanche Bay
Karavia Bay
Credner Islands
A ラバウル地区
B ココポ地区
①タブイ岬（旧潜水艦基地）
②Nonga
③Simpson Harbour
④Matalau
⑤ラバウル空港（閉鎖）
⑥マチュピット島
⑦大発洞窟
⑧マルマルアン展望処
⑨クルーン船の残骸
⑩マーケット
⑪トクア空港
⑫Gazelle 岬
⑬Big Pigeon Is
⑭Pigeon Is
⑮Watom Is
㋐Turangunan 475m（南の娘山）
㋑Kombiu 688m（母山）
㋒Tuvurvur
㋓Tovanumbatir（北の娘山）
㋔Rabalanakaia
㋕Vulcan
㋖Vunakokor 605m

ラバウル辺全体図

その彼、サムソンと知り合って話は早くなる。宿の予約をここの電話から入れてもらう。そしてさらにケビエンの宿も頼もうとしたら、

「それは月曜日、タウンにあるオフィスでやろう」

どうやら土曜の今日、もうオフィスを閉めるらしい。彼の名刺を貰い、そしてタウンへのPMVのバス乗り場を教えてもらう。彼と会った偶然の幸運を喜ぶ。

一時十六分、空港玄関口にやって来た同バスに乗る。その際サムソンが、こちらの予約した宿の名を運転手に言い、そして、

「そこで降ろすように」

とも言い添えてくれる。

約三十分後、KOKOPO《ココポ》地区のその「Taklam《タクラム》 GH《ゲストハウス》」前にバスは止まる。何の看板もないようで、ちょっと不安だったが、その食堂に入って行くとレジの処に居た女の人が、

「スズキか?」

と言って、要領を得ている。食堂ホールを通った先にゲストハウスの受付のオフィスがある。

彼女はひどく好意的だが、しかし、

「シングル、七十五K」

予想外の値に戸惑う。三十Kを予想していたので、

「ドミトリィの三十Kはないのですか?」

「ホールのベッドなら、三十Kです」

「それでいいです」

それなりに囲いのあるドミトリィと考え、二泊分支払う。

しかし連れて行かれた二階のそこは、正に居間《ホール》で、テレビのある誰もが居るスペースだ。

『今は、これでは泊まれない』

と思う。かつてなら——インド、アフリカ旅行時なら——ガマンしただろう。しかし今はこんな風では泊まれない。これでは全く気が安まらない。それで、

「部屋を見せて欲しい」

すると、そのホールに面してある一つの部屋を開けてくれる。どれもツインルームだ。

「二人だと八十五Kで、一人だと七十五K」

それ以上安くはならないようで、これから動いて宿探しをする気力もなく、今日はこの部屋に泊まることにする。

再びオフィスに降りて、金を支払う。その時である。今度は、

「VAT（税金）がかかって、八十二・五〇K」

ひどく騙されたような気がする。最初から八十二・五〇Kと言ってくれていたら、たぶんその時点で別の処を探しに出ていただろう。

すでに気持ちが泊まることに傾いているので、それをも納得する。この旅行に出て、最も高値

の処となる。昨日のレイの五泊分以上だ。まあ、一泊だけと決めて部屋に入る。

ココポ地区、宿探し

ラバウル、と言っているが、正確にはここは East New Britain Province の Gazelle Peninsula にあるココポ地区だ。かつての〝ラバウル〟は、その空港も含めて一九九四年の火山の噴火によってほとんどが火山灰に埋まってしまい、〝町〟としての態をなさなくなってしまったのだ。それでこの地区に大方の機能を移したのだ。従って空港もここよりさらに十㎞程西にあるトクアに造られていた。

しかし日本人旅行者にはこの地区もまた〝ラバウル〟として通じる。

部屋に入って荷を置くと、いくらか空腹を感じる。隣接するカイバーで、飲み物と食べ物を買う。ここではしかしライスに肉掛けが五Kと、これまでの町より倍から倍以上もする。コーラも一Kでは買えない。どうやらこの町自体の物価が高いようだ。

比較的安いイモの天ぷら——これは正に、日本のサツマイモの天ぷらと同じものだ——とソーセージ、そしてコーラを買って戻る。三Kである。

それで昼食とし、二時三十八分、ちょっと町中見物に出る。いや目的がある。新たな宿を見つけようと。

空港からのメインロードを少しラバウルの町方向に行った処に“VAVAGIL G H”がある。入って値を訊くと、七十一・五〇Kと言う。タクラムより安いが、こちらの考える五十Kにはほど遠い。

次に英語のガイドブック（Lonely Planet社刊のPNG）に載っている“Village Haven GH”へ行く。

そのメインロードに面するガソリンスタンドの先を左折し、少し行くと途中から左への山道となる。かなりキツイ傾斜である。

『リュックを背負ってなら、確実に汗をかくな』

と思いながら登る。

それでもガソリンスタンドから七〜八分で着く。

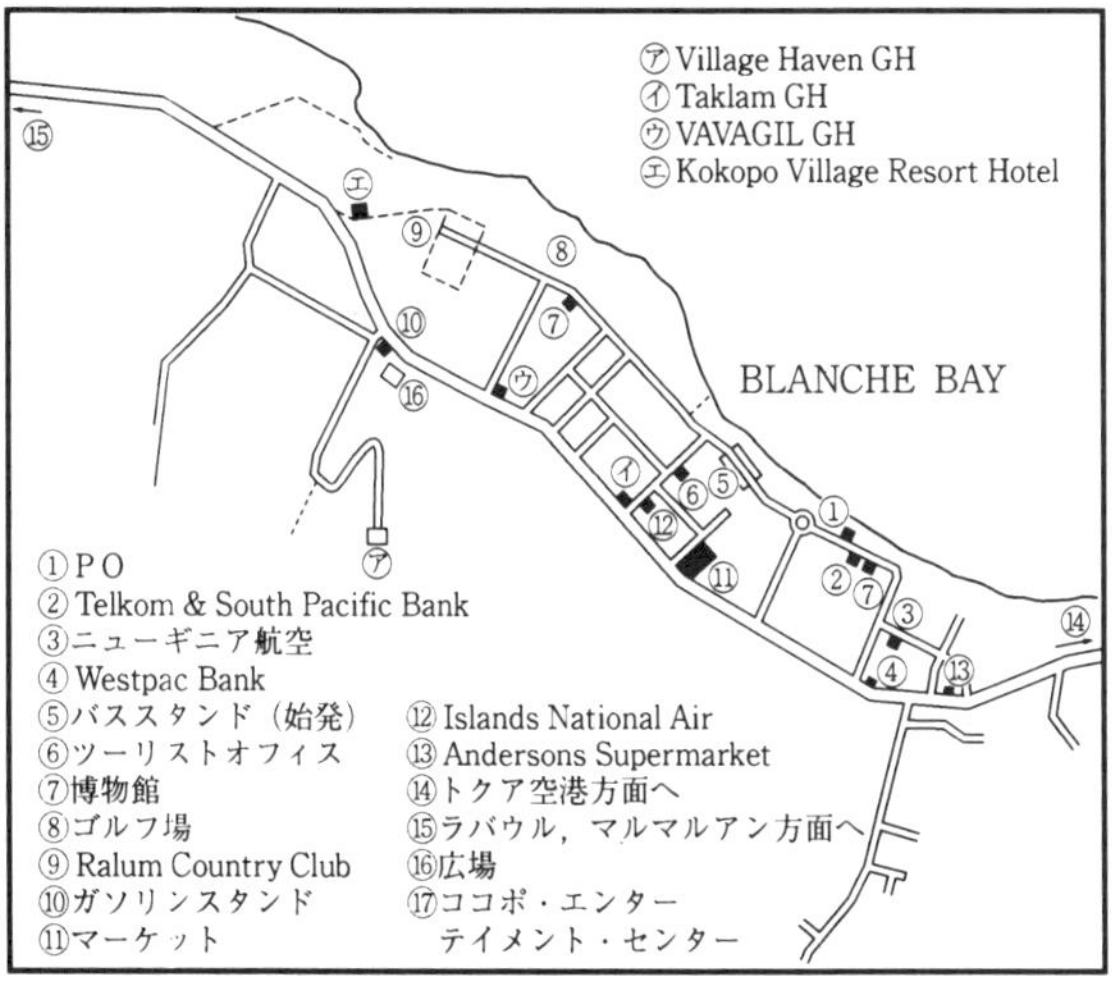

ラバウル，ココポ地区

Village Haven ゲストハウス

そこに居る人に訊くと、「三十五K」と言う。部屋を見せてもらうが、全く問題ない。ちゃんとセミダブルのベッドが二つある部屋だ。カギも掛かる。

まだ完成してあまり時間が経ってない風もあるログハウスだ。別棟にあるトイレと、そしてシャワーでも水がちゃんと出る。ここに決める。

「明朝来る」

と伝えて、そこを出る。

これでいくらか気分が楽になる。一泊が三十五Kで済めば、言うことはない。何しろタクラム・ゲストハウスの半値以下なのだから。

坂を下って、ガソリンスタンドで小休止する。隣の広場で、何やらやっている。

人々が集まって、彼等は広場中央の小屋から拡声器を通して流れる声に、聞き耳を立てている。皆、紙切れを持ち、ペンやエンピツで読み

上げられる数字を消している。一人の男の側に行って、

「ビンゴ?」

と問う。

「そう、ビンゴ」

緑色の紙片を持つおじさんは、温和な表情を返す。この国の人々の楽しみはこのようなものなのだろう。数十人の大人がそれに興じている。

数分居て、そこを出、戻り気味にVAVAGILゲストハウスの処を左折する。海辺へ向かう。

五分も歩くと海際となるが、その手前はずっとゴルフ場になっている。ゴルフ場と言っても、人々の出入りは自由で、誰もがその緑地に入って、それぞれ憩っている。一般の現地人でゴルフなどやる者はいない。

暢びりと時間は送れそうだが、一人では間が持たない。それにやはりいくらか不安もある。

ガソリンスタンド隣の広場で，ビンゴに興じる人々

ウィリアムはここラバウルを「レイよりピースフルだ」と言っていたが、外国人の私にはその差は判らない。いやゴルフ場を出て、最初の宿へのコーナーをそちらに曲がらず直進して行く勇気はない。その道の両側には何の用があるのか判らぬ人々がゴチャゴチャと立ち、あるいは屯していたのだから。その道の両側には何の用があるのか判らぬ人々がゴチャゴチャと立ち、あるいは屯していたのだから。そのような雰囲気がなければ郵便局まで行ったのだが、やめて、宿へと道を択る。

途中のカイバーで、再びサツマイモの天ぷらとソーセージ、そしてコーラを求めて宿に戻る。もう外出しない。四時十五分だけれど……。

ここもやはりパプア・ニューギニアに変わりない。一人歩いていると、声を掛けてくる男は確かに居たのだから。明日の行動も気を付けなければならない。うまく二日間を見物できればいいと思う。あとこの国も一週間のことだから。

日曜日は日本でも休日だ。しかしここパプア・ニューギニアはオーストラリアの影響を強く受けているためか、月曜から金曜までと明らかに違ってしまう。たとえば会社のみならず、商店も大方が閉じてしまう——僅かに開いている商店も夕方には閉じてしまう——ことであり、またたとえば——これは旅行者にとってはある意味、商店の休業以上に困ることなのだが——公共のトランスポートがその便を減少させてしまうことである。

翌朝、宿換えをする。タクラムGHでの連泊は望まないから。但し、その前に……。

朝食付きということで、それを摂ろうと六時四十分に食堂というかコモンルーム（ベッドのあった処とは違う）に行くが、誰も居ない。ただ調理室との境のカウンターに食パンが袋のまま乗っている。また電気ヤカンにスイッチが入っていて、そばにコーヒーとか紅茶とか砂糖がある。それ等を勝手に入れて飲む。冷蔵庫の中にパパイヤの切ったものもあったので、一切れ頂く。これも（誰も居ないというのも）日曜故だからか。昨日宿泊代を渡した女の人は、午後四時頃には仕事を終えて帰宅していて、そこへのドアは閉じられたままだ。こういった時、誰を相手にすれば良いのか分からない。

とにかくそれでもそこにあるもので勝手に摂り終えて（十分程）、ベッドで小休止する。

それから荷物を整えて――あまり早くに、次のゲストハウスに行くことも憚られたので――、七時三十二分に出る。本当は三十分ちょうどに出ようと思ったのだが、部屋のキーを誰に返したらいいか判らず、その相手を探していて、このような二分が過ぎてしまう。

結局、人の出入りをチェックする階下のセキュリティの男に渡して、そこを出る。

歩き出して二分して、ベッドの上に置いた汗拭き用の小手拭いを部屋に忘れたことに気付き、取りに戻る。一瞬、

『要らないか』

とも思ったが、やはり〝自分のもの〟は失いたくないとの思いが勝って、取りに戻る。幸い部屋のドアはロックしていなかったのですぐに入れ、それを回収することができる。

改めて出たのは同三十八分。あとは直行する。

同五十分、汗をやはりかきながら登って、"Village Haven ＧＨ（以下、ＶＨゲストハウス）"に着く。昨日話していたのでチェックインはスムーズに済む。

部屋を取り、荷物を置くと、八時九分に、町中見物へと出て行く。日曜日だが、可能なら予定の行動を熟《こな》したい。

坂を下ってメインロードのガソリンスタンド（以下、ＧＳと記す）でＰＭＶバスを待つ。予定は Malmaluan《マルマルアン》 展望台か、大発洞窟（トンネル）。どちらかのバスが来たら乗ろうと思っている。前者は四番、後者は一番のバスと教えられている。

どちらかの車の来るのを待つ。しかし五分すると、

「スズキさーん」

赤い車に乗る男に呼び掛けられる。こちらの名前を知って、まして日本語で「さん」付けする男はこの町では一人しかいない。赤い車が通りを外れて、昨日ビンゴをやっていた空地広場に入って来る。声の主はやはりサムソンだった。

大発洞窟

彼は「日曜だが、空港へ仕事に行く」と言う。こちらは町中を見物することを伝えて、そしてものは試しと、

「日本に電話したいのだが、今日は郵便局も電話局《テレコム》もどこも休みでしょ。どこか掛けられる処、知りませんか?」

　彼は少し考える風をしたが、

「私のオフィスで掛けられるかも知れない。一緒にこれから行きますか?」

　こちらはそうなることを願っていたので、

「大丈夫ですか。使えますか?」

「たぶん大丈夫でしょう」

　ということで、彼の車の助手席に乗って、そこを離れる。オフィスは昨日熱心に探した――タクラムGHを出たあと、ずっと探していた――が、見当たらなかったことを言うと、彼は曖昧に頷いた。実際、その駐車場への鉄扉が閉じられてしまえば、そこの入口は通りからは横向きでしか見えず、余程注意していなければ、判らないという処に位置していた。

　今日もその鉄扉は閉じられているが、彼はカギを持っていて開けて内に入り、そしてオフィスのドアも開けた。

　内には誰も居らず、電気を点けるとすぐに電話の処へ行き、日本への国際通話の番号を押した。

「〇八五一……三……」

　そのあとの、こちらの番号を私に押させた。

サムソンが受話機を持っていたが、日本語が聞こえたらしく、こちらにそれを渡した。

母の声は小さく聞こえたが、用件は足せた。

一分と少し、話していたと思う。切るとサムソンに終わったことを告げる。彼は計算して、

「五Ｋ」

予想していた額なので、それを支払う。彼のオフィスには五分しか居ない。

再び部屋扉を、そして鉄扉を閉めると、彼にＰＭＶバス停に送られる。オフィス近くにある海岸（崖上）通りの各バスの発着スタンドではなく、メインロードの「アンダーソン・スーパーマーケット」前である。それはこちらが希望したからだ。発着スタンドでは人の目が気になって、居心地が悪い。

彼はこちらを降ろすと、左方向、空港へ車を走らせる。こちらにとっては大きな予定が消化できて、ホッとする。電話自体は昨日したかったが、そのようなことのできる状況にはなかった。今日でさえ、サムソンに会う幸運がなければ掛けられていなかった。明日、月曜まで待つことを覚悟していたのだから。運がまだあることを知る。しかし運が向かないことがあることも考えると、あまりこのことは喜べない。いや喜ばしいことだが、違った形での不運が必ずあると思うからだ。逆にだから、その時は不運《それ》を受け入れてゆこうと思う。素直に。

スーパーの前で待つこと二十三分。九時二分にやっと乗り込める——日曜故にバスそのものが少なく、また来ても満員だと素通りしてしまうからだ——。一番のバスである。

こちらの下車予定地点、

「Japanese Tunnel ?」

と問い、「ＯＫ」との返事を確認してから乗り込む。

車は舗装改良工事中のデコボコ道を行く。そして宿へのＧＳの処を少し過ぎると、やっとアスファルト道となり、スピードを上げる。

途中から右手側に海が見え出す。それは道からほんのすぐそこにある。

日曜と言えども人の動きはあり、乗り降りは繰り返される。

九時三十八分、バスは止まり、運転手がこちらを振り返る。

「着いたよ」

と知らせてくれる。左側に大きくそのことの看板が出ている。間違えようのない程に大きなそれが。

六十ｔ支払ってバスを見送る。そしてそこへの道に折れて行く。

林の中を行くと両側に民家が見えて来る。その民家の切れた先、左側の道脇に「大発洞窟」と書かれた銘板が立てられている。そこから少し行った突き当たりに、そのトンネルがある。

しかしそこへはその少し前から木製の垣根が作られていて勝手には近付けない。その垣根の一部に設けられた入口扉には南京錠さえ掛けられている。

来る間にあった民家に声を掛けていたのでこちらが来たことを知ったトンネルの管理人が、左

バス道路から進んだ先，民家脇にある大発洞窟の銘板

手の民家の方から現われる。

そしてその入口扉のカギを開けながら、

「三K」

こちらはガイドブックに、一K、とあるので
そのことを言うと、

「三K」

を変えない。支払ってもいいが、試しに、

「二Kにしてくれないか?」

すると、

「OK」

こちらが驚く程簡単に言う。その額を支払って、扉を開けてもらって、内へ入って行く。

トンネルの入口際に、その朽ち果てた残骸を晒す一艇がある。

外光だけを頼りに奥へ行くと二舟艇目があり、洞の左側の観覧用の通路——最初階段があって数段登ってから進めるようになっている。

大発洞窟，入口際にある舟艇の残骸

つまり高い処にあり舟艇を見降ろすように見ることになっている——を行くと、三舟艇目が見えるらしいが全く暗くて、私には何も見えない。

通路の行き止まりまで手探りで行って、引き返す。何を見たという訳ではない。ただ鉄の骨組みの残骸を見ただけ。『よくこんな処にあるものだ』……。

戻り道の民家前に先程の管理人のおじさんが、たぶん奥さんだろう婦人と丸木の素木に坐っている。こちらも、その少しのそこへの土手を登って近寄って行く。日本人であることを告げ、

「多くの者が来ますか?」

「多い月は五十人。でも時に二百人を越すこともある」

日本人に限らず、オーストラリア人、ドイツ人、アメリカ人等が訪れると言う。

「よくこんな処にありますね。海岸からどのよ

大発洞窟の管理人（中央）とその家族

うに運んだのですか？」

「当時はレールが敷かれていて、その上を引っぱった」

今は鬱《うっ》然として木々が茂るが、当時は舟艇が通れる程のスペースがあったのだろう。

「トンネルは長いのですか？」

「海岸からトンネル口までが百メートル。そしてそこからトンネルとしても百メートルある」

「そんなに奥まであるのですか？」

「入口から見えるのは三艇だけだが、あと二艇、奥に隠れている」

どれも残骸なのだろうが、五十年以上の歳月が経っても自然のままで残されているというのは、この国だからのことだろう。

十分程彼等と話して、そして管理人夫妻・家族の写真を撮って、バス道路へと戻って行く。

二分も待つと一番のバスがやって来る。手を挙げると止まってくれる。そして乗り込む。

暖かい、いや暑い陽光の中、いつものより少し大き目のマイクロバスは快調に走る。乗る客達に居眠りする者が多い。

ラバウル地区へ、平和記念碑

十時三十分、左側にずっと続いていた山壁が切れると、左右の視界が開かれ、どうやらここからラバウル地区らしい片側三車線もある大通りを走り出す。草木の植わる中央分離帯もあるこの一直線の大通りのほぼ突き当たり辺をUターンして戻ってくる。

『Uターンするということは、ここがラバウルなのだろう』

それを確かめるべく、暫く戻った大通り上のGS前で止まった時、

「ラバウルか?」

運転手に問う。

「そうだ」

その言葉を聞いて下車する。しかし、ここがどこだか判らないので、ガイドブックの地図を示して傍に居る男に確認する。男は地図を見つめて少し考える風をするが、ある辺りを指差す。

どうやらここは、Malaguna《マラグナ》 Road《大通り》のようだ。こちらの目指す“Namanula《ナマヌラ》の丘”へは、先程Uタ

Simpson Harbour
登り坂
ⓐHamamas Hotel
ⓘTravelodge
ⓤKaivuna Resort Hotel
ⓔBarike Land GH
①マーケット
②ガソリンスタンド
PMV バスストップ
③ポリスステーション
④BP ガソリンスタンド
⑤日本人戦争慰霊塔（平和記念碑）
⑥ナマヌラの丘，展望台
⑦Malaguna Road
⑧Mango Avenue
⑨Sulphur Creek Road
⑩Namanula Road
⑪旧空港
⑫Nonga, Tavui 岬方面
⑬Kokopo 方面
⑭Matalau 方面
⑮マチュピット島方面
⑯旧マーケット
⑰クイーンエリザベス公園
⑱地下壕入口
⑲Kombiu Avenue
⑳Vulcan Street

ラバウル地区

ーンした処で下車すべきだったと知る。かなり戻って来てしまっている。仕方なく大通りを歩いてそちらに向かう。まだ午前十一時前なのに、真夏の日射しだ。

あまり人影もない大通りを行く。五年前に大噴火があって以来、廃墟化してしまっている。確かに日曜ということを差し引いても、賑わいは感じられない。通りが広い故に、尚更ひっそり感がある。

二十五分後、やっとMango Avenue《マンゴ・アベニュー》との角に達する。暑い中、歩き続けたので小休止も兼ねて、そこにあるＢＰのＧＳの売店に入る。

幸い、よく冷えた飲み物もあり、コーラを買って一息つく。ここの主人はひどく親切で、こちらの質問にも丁寧に答えてくれる。ナマヌラの丘への道も指で示してくれる。

十分後、右方向へと歩き出す。この辺り一帯

地下壕への入口辺の光景

灰に埋もれた Sulphur Creek 通り

は、従ってこのマンゴ・アベニューも、火山灰で蔽われている。パウダー様なので、歩くそばから煙ってゆく。車が通れば灰煙が舞う。

途中、二つ目の脇道を左に入って行く。ガイドブックにある「地下壕の入口」という写真の現物を求めて。

しかしなかなか見つからない。

先方に進むように行くと偶然、それに出会《くわ》す。ポツンとある民家のような建物と道を隔てて前にあった。

内への数段の階段を降りる。右側にさらに下る階段があるが、懐中電灯を持たないので入らない。真っ暗の中を行く程、勇気はない。

七分間、その近辺に居て、マンゴ・アベニューが自然に Sulphur《サルファー》 Creek《クリーク》 Road《通り》 と名前を変える辺りをさらに進む。

そして十一時三十分、"Kaivuna《カイブナ》 Resort《リゾート》 Hotel《ホテル》"

前角に出て、そこを左折する。ナマヌラの丘に続くナマヌラ通りだ。この通りも火山灰がすごい。

三百メートルも行くと登り坂となり、灰も無くなる。

車が来れば手を挙げようと思うが、こういう時には一台も通らない。日曜でなければＰＭＶバスもあるということだが。

それでも十四分後、左手に"Japanese War Memorial"（平和記念碑）の巨大な白いモニュメントを見る。日本人が心を込めて建てたものとすぐ解る。とにかくこのような登り坂の途中にこれ程の大きなものを建てるのだから。金のある国の者でなければ造れないだろう。考えようによってはひどく中心から外れているのだから——但し、町や海の見晴らしは良いが。

一九八〇年に建立されたという（そこにある

ナマヌラの丘への道にある平和記念碑

平和記念碑に隣接してある石碑

石碑の方は、一九五五年）。九四年の噴火まではもっと輝やいていたのだろう。噴火後は町中の沈んだ様子とは甚だ違い、ことさら異様にその姿を見せている。

アルファベットの落書きは多いが、見る限り日本語のそれはない。主旨から言っても落書きなどできないだろう。日本語のそれがないのを知ってちょっとホッとする。

数枚写真を撮り、少し上方にある海軍の小さな記念碑を見て、さらに登って行く。

同記念碑を出て十四分後の十二時十分、丘の展望処への分岐点に達する。それを左へと折れて行く。折れずに真っ直ぐ行けば、たぶんMatalau《マタロウ》に至るのだろう。

交差路から八分で展望処に着く。ただの空地で何もない。但し展望は確かに良い。シンプソン湾を一望できるし、先程歩いて来たマラグナ

ナマヌラの丘からマラグナ大通り及び，町を見下ろす

大通りが一直線に伸びるのもよく判る。Vulcan《ヴァルカン》山の海側の斜面が、それ以外のそれとは対照的に黄土を剥き出している。

三百六十度を展望して、その敷地を移動していると、こちらが来た方向ではない斜面下から一人の男が登って来る。こちらのことを見ていたのだろう。ちょうど登りかけの処にあった民家の、そこに住む男だと思えたので先に話し掛ける。

「ここに住んでいるのですか？」

「イエス」

「何をしているのですか？」

「山の管理と木々の管理」

さらに訊くと、一人で住んでいると言う。また、電気も水も通っていない、と。様々な職業があって当然だ。

「喉が乾いたので、何か飲み物はありますか？」

「イエス、水がある」

そう言う彼と共に、彼の登って来た斜面道を、彼の家へと下る。

トタン葺きの簡素な建て物がある。しかしその途中に成るオレンジ色のヤシのような実を、手にしている山刀《ナタ》——実は当初これを見て少々恐れを抱いたのだ。私の他に誰も居ない処に現われたのだから。それ故にこちらから先に話し掛けたのだった——で切り落とすと、それの上部を切って、内の汁を飲ませてくれる。ココナッツと同じ味がする。予想外のそれが飲めて感謝する。

彼の家から丘への登り道に降りて、そこを交差路へと下って行く。

マタロウへの交差路には十二時四十分に出、右折して下って行く。

平和記念碑には同五十三分に着き、そのまま今度は通過する。車はやはり通らない。

リゾートホテル前には午後一時十分に至り、そこを右折して、来た道を戻って行く。

左にかつての高級ホテル"Travelodge"を見て、再び靴を埋める灰の中を歩く。今、この道を歩き行く者は誰も居ない。

マンゴ・アベニューとマラグナ大通りとの角にあるBPスタンドには同二十二分に着く。

再びその店内に入って休む。おじさんの椅子を借りて、天井からの扇風機の下にそれを持って行き、坐って休む。

コーラを再び飲む。ひどく暑いが気持ちは良い。ここからマルマルアンへ行くつもりだが、日曜日故に、直行するバスはないということで、このままココポに戻ることにする。

しかし一番のバスはなかなか来ない。結局三十分以上経った同五十七分に、やっと同スタンドを離れられる。あとはバスの進行に身を任せている。

二時三十二分、海辺際にある旧日本軍のクレーン船の残骸を車窓から見る。

そして宿下のGS前に着いたのは同四十分。ここでマルマルアン方面行きのバスを待つことにする。終点の海岸通りのバススタンドまで行って、もしそのバスがない時、歩いて戻るのが面倒なので、ここで下車する。

しかし二十分待ってもその四番のバスが来ないことを知ると、今日のそこ行きを諦める。

宿へと戻って行く。それなりの一日を終える。それなりの満足感を持って。

両替

今日の夕食は結局摂らない。いや摂れない。日曜ということで店々は閉じ、開いている処では、食事になるような食べ物は置いてない。一食、食べなくても別に問題ない。日が暮れたら、寝てしまえばいいのだから。

翌日月曜日、サムソンとの約束を果たすべく、八時過ぎに彼のオフィスへ行く。その少し手前右側にあるケビエンへのフライトの航空会社"Islands National Air"のオフィスに、サムソンの処に行く前に入り予約の再確認をしている。客は他に誰もなく、三分で終えてそこを出ている。

ツーリストオフィスはそこより僅か二十メートル余しか離れていない。

入るとサムソンは来ている。この国のオフィスアワーは午後は四時までなので、朝は八時には始まっている。今朝は彼以外にも人が居て、「ボス」と言う男の人とも挨拶を交わす。他にも女の人が二人居る。

「日本人は来るのですね?」

「ええ、八時三十分から九時の間に」

昨日、この国に青年海外協力隊員として来ている人にこちらの来訪をサムソンは伝えていて、その彼がその時刻にやって来ると言っていた。

まだ八時半には二十分程の間がある。それで、

「郵便局とニューギニア航空のオフィスに先に行って来たい」

と伝える。サムソンはそこまでの地図を書いてくれる。海岸通り沿いを行けば、郵便局は在り、さらにその先を道なりに右に曲がって行けば、同航空のオフィスも在ると言う。

八時十四分、一旦彼のオフィスを出て、そちらへと向かう。

郵便局へは同二十分に着き、局員に日本宛の絵ハガキを手渡して、そこを出る。朝も早い為か、客は誰も居らず、すぐに用を終えることができる。

ニューギニア航空オフィスには同二十四分に着き、国際線客を扱うスペースに行って、まずポートモレスビーから帰国便の予約の再確認をする。そのついでにケビエンからポートモレスビー

ココポ地区，露天のマーケット

までの国内線の予約も再確認する。こちらのスペースにも客は誰も居らず、比較的早い五分ですべての要件は済む。

そこから来た道を戻らず、工事中のメインロードに出て、ツーリストオフィスに戻って来る（八時四十一分）。この間に同通り右手にある、開いたばかりの露天のマーケットを見ている。野菜や果物が主に売られている。そこに居るのはすべて現地人。昨日はこのような人の群れの中を歩くのは躊躇されたが、今日は大丈夫だ。一人、この町で現地人と知り合ったことで気分が楽になっている。人間の心理とは微妙、いや単純なもの。

オフィスにはまだ日本人は来ていない。果たしてサムソンとの間にどのような言葉が交わされたのか判然としない。だから九時になって来なくてもそれは仕方ないとも思っている。

サムソンはこちらの依頼でケビエンの宿を確保すべく、電話をそちらにしてくれる。しかし第一希望の「ケビエンGH」には電話は繋がらない。

「どうやらそこは閉館されているようだ」

ケビエンにもあるツーリストオフィスに掛けて、そのことを確認したらしい。他の安宿を訊いてもらう。

そして、

「六十六Kで、ケビエンクラブがある」

「どうする?」

他により安い処がなければ、そこに決める以外ない。この国の旅行の最終地であり、少々高くても仕方ないと思う。それに日本円にすれば三千四百円程だ。そう考えて、ＯＫする。

彼はそのクラブに直接電話して、予約を入れてくれる。これでその地での宿泊も確定する。しかし一泊六十六Kと知って、手持ちの額では少々足りなくなることを知り、両替をするべく動かなければならなくなる。ケビエンで換えてもいいが、まだ、日本人が来ないこともあって、

「両替をして来る」

サムソンに伝えて、再びオフィスをあとにする。銀行も海岸（崖上）通りに在るのを見掛けている。その“South《サウス》 Pacific《パシフィック》”銀行へ向かう。

着いたのは八時五十九分。いつものように人の列があって、その最後尾に並ぶ。

十分近く待って、やっと順番が来る。窓口の女の人に、

「外国通貨の両替をしたい」

と言うと、別の窓口を指《しめ》される。そちらには誰も居ない。しかし彼女から、奥の机の椅子に坐る女の人に声が掛けられて、その女《ひと》が出て来る。

そしてそれからがまた長い。あまりトラベラーズチェック（T/C）の両替に慣れていないのか。

結局換えずにその銀行を出る。換えるつもりでカウンターサインまでしたというのに。

つまりこういうことだ。

こちらはいつものようにまず、奥から出て来た女の人に両替レートを聞き、それを納得し、T/Cにサインした。しかしそれからひどく時間の要する銀行内の手続き（両替そのものに対する裁可）を待たなければならない。

十分程後《のち》、やっと両替が始められる。計算明細書を見せてもらって、その額を知る。そこで初めて手数料が一割かかることを知らされる。なぜ最初にそのことを言ってくれなかったのか、とちょっと不満に思うが——これならWestpac《ウエストパック》銀行の方が良かった——もはや仕方ないと考えて、その計算書にサインする。

彼女はその計算書を上役の処に持って行き、何かを言われて、サインをもらう。再び自分の席に戻ると、それに何かを書き足す。

そしてこちらの窓口に戻って来る。こちらはいくらかの予想もあって、それをよく見る。する

とこちらがサインした時の額と違っている。その計算明細の処がボールペンで塗り潰され消されて、新たな計算が隣に書き込まれている。それは当初の額より少なくなっている。五十ドルで約七Kも少ない。

つまり彼女は、売りと買いのレートを間違えて計算し、上役の処でそれを指摘されて、書き改めたのだ。そうして書き改めたのを持って来たのだ。そのミスをこちらに何も告げず、勝手に変えたそれを持って来る。この辺の感覚が、理解できない。当然、私は納得せず、

「キャンセル」

を伝え、T/Cを返してもらう。そしてそこを出る。行内に入って三十六分が経っている。

このような国では両替一つするのに、このような時間を、そしてエネルギーを要する。これもまた仕方ないこと。これまでの旅行でだって似たようなことはいくつもあったのだから。

そこからウエストパック銀行へ向かう。その銀行をこの町では見掛けていない。それで人に訊きながら、探しながら行く。

それはメインロードに面してあった。サウスパシフィックから十分後にそこに入る。

この銀行内にもサウスパシフィック以上の現地人の行列がある。今回はそれに付かずに最初から、行列の先の窓口の方へ行く。そしてその近くの、それとは違うあまり客の居ない窓口へ並ぶ。しかしここでも先客の数人が終わるのを待たねばならないことには変わりない。

十分後、やっとカウンター前に出られて、行員と対峙できる。両替したい旨を伝える。

ここの女の行員は慣れたもので、それをさっさと処理する。両替率はサウスパシフィックより悪いが、手数料は一割ではなく、一律五Kと、プラスT/C一枚につき二十tということで、これはポートモレスビーで換えた時と同じだ。それを了解して、依頼する。すでにサインされてあるそれでも受け取ってくれる。

サウスパシフィックの最終的に出された額より約五K多い現地貨を手にして、入って十八分後、そこを出る。苦労して長い時間をかけて、五K、ということだが、気分はスッキリして良い。

少しホッとして、隣のスーパーマーケットでコーラを飲んで——大きなスーパーでは良い具合にビンコーラは一Kだ（カイバー等では、一・二〇から一・五〇Kする）——、ツーリストオフィスに向かう。十一時を回っている。

オフィス前の駐車スペースにはこの国ではあまり見られぬバイクが止まっている。あるいは日本人かも知れない、と思いながら入る。

しかしそれらしき人は居ない。サムソンは、

「来た」

と伝える。そして五分程待つと、その日本人のSさんがオフィスに入って来る。何か買物に出ていたようだ。

挨拶し、旅行者であることを言う。彼はサムソンの仕事の邪魔にならぬようにと、彼の机のある隣の部屋へのドアを開けて入る。こちらも彼に続いて入る。海外協力隊員として来ている彼は、

現在一年を終えて、

「二年目に入っている」

観光政策の指導・立案、及びその協力をするための派遣だと言う。どの国に派遣されても、現地の人と共にそれを実践して行くには多くの困難苦労がある。派遣されるのは所謂開発途上の国々なのだから。

小一時間話して、こちらはオフィスを出て、博物館へ行く。彼のここでの時間が良いものであることを祈らざるを得ない。

Village Haven ゲストハウス

博物館は海岸通りを左に折れて、ゴルフ場に沿って三分歩くとある。

そこにはかつての戦争で使用された銃器や砲や車輌、打ち棄てられた数々のその残留物が建物の内外に並べられてある。また民族楽器、民族衣装等もそれ専用の棟に展示されている。屋外にはこの国に棲む鳥や動物（ワニもいる）が飼われるゲージもある。

二十五分間しか居ないが、もっとゆっくり見ても良い処だ。

海岸通りを戻り、バススタンドへ。その途中で少し空腹を感じ、バススタンドの前に並ぶ商店の中の一つのカイバーへ入る。イモの天ぷらとソーセージ、それにコーラを飲んで、腹を満たす。

現地人の中に入ってそれらを食するのにも苦痛を感じなくなっている。

一時九分からバススタンドに立ち、四番のバスを待つ。

そして同十五分、二台目のそれに乗り込める。マルマルアン展望台方面へ行くそれだ。ラバウル方面へ走り、十三分後、同展望台方面への╋字路を左折し、山道を登って行く。やっと実現したそこへの道。

同四十五分、道が頂きのような処に達する。そこで二人が下車する。しかしこちらは正確には判らないので乗り続けている。すると、運転手が振り返って、

「マルマルアンだ」

それを聞いて、一Kを支払って、下車する。確かに何もない処だ。

展望台が判らず、下車した処にある民家の人に問うと、教えてくれる。そして、

「案内しなさい」

そこに居た子供に言いつける。私はその子供たちの後《あと》に従う。

少し戻るように左側の脇道を行くと、その先に本物の飛行機のプロペラが――それはこの場にはひどく不釣合なように――二つ、道の両側に置かれる処に達する。そしてその先の空地にテレビ塔がある。協力隊員のSさんは、

「雑草が一面繁っていて、歩くのは大変かも知れないよ」

と言っていたが、その周辺は焼かれて、歩くのに苦労はない。むしろ清々する程、広々として

マルマルアン展望台からの眺め。（右）南の娘山，（左）母山

いる。

子供四人が一緒に居る。私はいくらか壊れかけた鉄組みの見張り台のような処に登って行く。階段部分の板も処々、無くなっていて、登るのに少し気を付けなければならない。

台は二層になっていて、最上層、約十五メートル程の高さに上がると向こうに、Blanche湾の向こうに、Turangnan《トゥラングナン》（南の娘）山とKombiu《コンビゥ》（母）山が見渡せた。

展望台周辺に十五分居て、バス通りへと戻る。先程の民家で少し休憩をとって、二時二十分、来る時とは逆方向から登って来た四番のＰＭＶバスに乗って戻る。

平和な光景の中をバスは下って行く。

メインロードのココポ街道（通り）には二時三十五分に行き当たり、今度は右折して、終点の海岸（崖上）通りマーケット前のバススタンドには同四十五分に着く。

先程入ったカイバーで、同じくイモの天ぷらとコーラを再び飲食し、ツーリストオフィスには同五十五分に入る。

サムソンが居る。

「今、たった今、Sさんがバイクに乗って帰った」

そして、追いかければ間に合う、という風な表情をする。実際、こちらもオフィスに入る前にバイクで逆方向に走り行く彼の姿をチラリと見ている。しかし声を掛けて呼び止める程の間柄とはなっていないので、そのまま見送っていた。

サムソンの仕事は、四時まで、ということで、少し時間を潰してその時を待つ。宿の下のGSまで送ってくれるというので待っている。このオフィスにはエアコンがあって涼しくて良い。そしてまた、彼等の仕事ぶりも暢びりしていていい。日本とはやはり違う。

四時六分、彼に送られてGS前まで来る。明日のことを聞く。もしかしたら彼も空港へ行くかも知れないと言う。行かないまでも、空港へのバス乗り場までは送ってくれると言う。

明朝九時十五分に再びこのGS前で会う約束をして別れる。ラバウルでのすべての予定は終了する。

昨日、部屋の前のテラスで書き物をしていた時、素足にひどい痛みを感じた。虫に刺された、とは分かったが、その時はその都度、手でそれらを追い払っていたので、大したことにはならないと思っていた。しかし夜からは赤い斑点が足の甲から踝《くるぶし》辺にいくつも出態し、ひどく痒い。

ここはバス道路から少し奥に入った、木立ちの中にある宿なので、町中より虫が多いのは仕方ないことだが——部屋の内側も丸（生）木のままで、天井付近にはヤモリ等の小動物が張り付くのが見える。

そして今夜もまたそれでいくらか眠れない。持参の抗生物質の軟膏を塗ってみるが、その効用はまだ現われない。あと一週間もないので、何とか帰国まで大事に至らずにあって欲しいと願う。

今夜の夕食は昼食と同じイモの天ぷらとソーセージとコーラである。それを見たサムソンは、

「それで足りるのか？」

と問うので、

「大丈夫、問題ない」

すると、

「あなたは Strong man だね」

別にそんなことはないが、腹はそれで満たされる。それに特別、食べてみたいと思う品物もカイバーには無いので。

それらをシャワーを浴びたあと飲食し、六時にはやることがなくなる。少しベッドの中で書き物をする。それを八時過ぎまでやって、静かな中、就寝する。八時台だというのに、ここではま

るで〝真夜中〟といった静けさだ。

但しその分、物音には敏感で、すぐに目を醒ます。このゲストハウスの人達のか、話し声も時々して、その度に起きる。だれかがその都度、帰宅したようだ。


七月二十七日、火曜日。

いつものように床下で鶏の動き回る音で目醒める。薄《うっす》らと明るい、時刻は四時。まだ眠る。

一時間後に時計を見て、また眠る。

そして五時五十分、いや今日は五時五十五分に起き出して、トイレ、洗面をする。

そこから出て来ると、オーナー夫人と顔を合わせる。これからいつも通り、こちらの朝食の用意をするようだ。

一間《ま》（二メートル四方程）の食堂。そこのテーブルに、昨日と同じの食パンとコーヒー、ミロ、紅茶、砂糖、それにマーガリン、ピーナッツバター、ジャムが乗っている筈だ。お湯は、それ専用の容器に沸いている。コーヒー等はそこから入れて飲めばいい。

それを六時四十五分に頂き、七時からはテラスに出て暢びりと書き物をする。今日も一日暑い日になりそうだ。

オーナーのウォルターさんが来て挨拶するが、こちらがノートに向かっている姿を見て、それ以上話し掛けては来ない。彼が話をしたくて来たのは解っているが、ちょっと区切りが悪くて、書き続けている。彼は少し離れた別のテーブルの椅子に坐って休息している。

　一時間近くも経っただろうか、八時少し前に、彼がそこから離れようとしたので、

「写真を撮りたいのですが」

　と尋ねる。

「いいですよ。ワイフと一緒でいいですか？」

「もちろんです」

　彼は上半身裸から上着を付けて、また奥さんと孫を伴ってテラス前の内庭に戻って来る。

　建物をバックに彼等を撮る。そして息子のお嫁さんや雇い人も入れて、もう一枚撮る。日本に戻ったら、送るという約束をする。

　彼の二番目の息子という精悍な表情の、また身体もひどく立派で逞しい青年が、盛んに内庭の雑草を芝刈り機で刈っている。ここはあと数年もしたら素晴しく良いゲストハウスになるに

Village Haven ゲストハウスの内庭で，オーナー夫妻とその孫たち

Village Haven ゲストハウスのオーナー夫妻とお嫁さんと雇い人

違いない。バス道路からのアプローチがもう少し改善されればそうなるだろう。

「部屋にテレビや電話、そしてファンも入れたいが……。まだ金が無くて」

「テレビや電話など必要ありません。今のこのままで充分です」

昨日、そんな会話をしている。確かにテレビなどここでは必要ない。自然を満喫できる宿なのだから。

小鳥の囀《さえず》りがあり、マンゴーの実が木から落ちる音があり、そしてログハウス故の、ヤモリの鳴き声があって……。それらの音を聴きながら過ごし眠るところに、ここの存在価値はあるのだから。そのことを伝えると、ウォルターさんはいくらか納得したような、嬉しそうな表情をした。

数年後にまた来られたらいいな、と思いなががら書き物を止めて、出立つの準備に掛かった。

十一時のフライトに間に合うように、九時少し前には宿を出て行く。いろいろな出逢いを楽しむ。いろいろなことがあるのがこのような旅行だから。

トラブル

予定通り運ばない、と知った時、「なぜ」というその事態に対する気持ちと、逆にそうなったことで、「ホッ」とした気持ちもあったことも事実だ。この旅行では、この国の旅行としてはスケジュール的に順調に行き過ぎていたからだ。精神的にはひどく摩耗していたが、結果からだけなら予定通り来ていたのだから。

『こんなことが最後まで続く訳はない』

と思っていたから。ここでこのような形で予定が崩れたことに得心する。そしてここでのそれに、また幸運を感じたりもした。だからあるいはまた後《あと》に、もっと大きなトラブルが発生するのではないか、という気さえしている。

ラバウルを発つ朝、サムソンとの約束はあったが、宿を出た足でそのまま彼のオフィスへと歩いて行く。あまり当てにならない車を待つより——九時十五分に来るということだったが——歩いても十分程なので、そこへ歩いて行くことにする。少し位の汗をかくことは仕方ない。

九時十分にオフィスに着く。彼は忙しく働いている。こちらを見ると、

「今、迎えに車を出そうとしていた処だ」

それは分かっている、と伝える。彼はこちらのフライトの時刻を改めて確認すると、

「一件、運転手に用件を先に済まさせるから。それが終わって戻って来たら、空港まで送って行かせるから」

こちらは、バススタンドまで、と思っていたので少し驚く。しかしそれに感謝する。彼はこのオフィス内の副所長みたいな地位にあり、自由に運転手を使うことができた。

九時三十七分に戻って来た運転手に、こちらを送って行くように、と言いつける。運転手（名はベンジャミンという）は、別に大して返事もせずにそれを引き受ける。

ベンジャミンは雇われているのだが、全くそんな風な態度は取らず、マイペース、「働いてやっている」といった風で対している。だからそう言われても返事などしない。かと言ってその命令が不満だと思っているのでもない。日本で言うところの〝卑屈〟さが全くないということだ。見ようによっては〝尊大〟とも映るが、彼はそれを意識している訳ではないので――むしろ毅《き》然と振る舞っていると映るので――、こちらには気持ちいい。

概してこの国の者達は特別、人間に上下関係を感じている風はない。それ――対等に見えること――はある意味、気持ちいい風もある。卑屈な態度を取る者は見掛けないが、もし追従笑いな

どする者が居たら、それはむしろちょっといかがわしいと言わざるを得ない。

　ベンジャミンはこの国の男のそのほとんどが口にする〝ブアイ〟――檳榔の実。またそれに付ける貝を焼いて粉にした石灰の「カンバー」と、その効果を増進させる香辛料の「ダガ」も一緒にして――を噛み、口をオレンジ色にし――噛むと体が熱くなり、眠気を払う効果があるという――、それが終わると、今度は普通の二倍はある長さのタバコを吸う。ちょっと麻薬が入っている風もあって、その運転は恐い。スピードをひどく出すからだ。ＰＭＶバスなら二十五～三十分かかる処を、僅か十七分で空港に行ってしまう。途中ノンストップとは言いながら先行の車をどんどん抜いて行ったのだから当然だろう。

　彼にお礼を言って、出発ロビーに入る。Islands National Air（以下、アイランズ・エア）のカウンターには先客が一人居る。隣のエアリンク社には便が無いのか客の姿は無い。その先のニューギニア航空には二十人近い者が列を作《な》している。

　十時十五分になってもカウンター内に姿を誰も現わさない。航空券には国内線では四十五分前に来ていること、と書いてあるのに。

　同三十分になってやっと来た係官は私を含めて四人になった客を前にして、何か言う。私以外は現地人なのでピジン語で話し、こちらには意味が解らない。客の表情から何か異常な事態だということを知る。何しろ航空券を受け取らないのだから、誰もチェックインできないでいる。

　私より先に来ていたおじさんに訊く。すると、

「すでに席は一杯だ」

「このラバウル始発ではないのか?」

「その筈だが……」

係員はなぜ満席なのかを説明せずに、とにかく、

「十一時発の便には乗れない」

を繰り返すのみ。客は皆、予約の再確認をしている旨を言っても埒が明かない。私は事態を理解する。

『たぶん、ダメだろう。ここまでが上手く行き過ぎたのだ』

しかしこの事態をどうにかしなければならないことも確かだ。サムソンに連絡しようと、公衆電話に立つが、彼から貰った名刺に書かれた番号に掛けても、何やら女の人の声で、間違っている、とか言うような言葉が流れて来るだけで、会話は成立しない。

二十tも無駄をして電話を切る。公衆電話を諦めて、到着ロビーを出た処(建物内だが)にあるレンタカー会社の一つのカウンターに行き、そこに坐る男の人に事情を説明して、サムソンの処に再び掛けてもらう。しかしその番号はどうやらツーリストオフィスには通じないらしく、

「ずっと話し中になっている」

少し経ってからまた掛けよう、と言ってくれる。この男の人もひどく親切にこちらの窮状に心を寄せてくれる。こういう時、このような人と会うとひどく嬉しくなる。人間は基本的に『善人

だ』と思ってしまう。全くの見ず知らずの者に対してこのように親身になって心配してくれるのだから。

一旦、アイランズ・エアのカウンターに戻る。すると他の三人はチェックインしている。

「今飛んだ機が戻って来て、再び飛ぶ」

それを聞いていくらかホッとする。

「何時に出るのか?」

「午後四時」

すぐに計算する。

『ケビエンまでは一時間半だから、五時半頃には着くだろう。まだいくらか明るいか。ならいいだろう』

リュックを秤に乗せ、その重さを測り、そして私自身もそれに乗る。他の三人の航空券もカウンター内にある。確認の為に係員に訊く。

「ケビエンには何時に着くのか?」

係員は変な顔をして、

「ケビエンまでは飛ばない」

それを聞いて、『なぜ』と思う。しかしここでも事態を認めない訳にはゆかない。

他の三人はケビエンに行くのではない。ケビエンのあるニューアイルランド島の東に小さく浮かぶ――ラバウルからは同島を北に横切った先にある――Lihir島に行くのだ。折り返し便はそこへのみのフライトだと言う。

私だけはじかれて、リュックを持ってレンタカー会社の処へ再度行く。

男の人は好意的にまた電話してくれるが、状況は同じで、

「どうやらこの番号は違うようだ」

「……」

「電話局で調べてもらおう」

そして、そうしてくれる。「ツーリストオフィス」と言って調べてもらい、正しい番号を受けると、掛けてくれる。

それでやっと通じる。受話器が男の人からこちらに渡される。私は電話の相手に、

「サムソンを」

と頼むが、

「今、出掛けていて居ない」

相手はボスで、私は慣れない英語で状況を説明する。ボスは、

「じゃ、戻ってまたこちらに来なさい」

私は受話器を再びレンタカー会社の男の人に渡し、彼からも空港《ここ》での出来事を語ってもらう。心配してくれているので、彼の言葉でより正確にボスに伝わったと思う。

電話が切られると、私は男の人にお礼を言って空港を離れようとする。

『正に遂に遭遇したということだな。こういったトラブルが無かったことが不思議だったのだ。問題は今後どうするかだが、取り敢えず、町中に戻って考えよう。こういった事がマウントハーゲンで起こらなかったことだけでも幸いと思うべきだろう』

理由不明の欠便

空港建物から外に出た時、正に今出ようとしている一番のPMVバスを見る。ギリギリこちらの乗り込める座席の余裕もある。すでに乗り込む人の中にLihir島へ飛ぶおじさん達も居る。

「飛ばないのですか?」

「四時だから、それまでタウンに行って時間を潰すよ」

今日中に飛べるのなら、いいな、と少し羨ましく思う。しかしそれは仕方ない。

タウンまでの三十数分をいろいろ考えながら過ごす。

『これで良かったのだ。上手く行き過ぎていたのだから』

『トラベルはトラブルなのだから、当然のことが起こったまでだ』

『それにしても、良い処でこういうことになったものだ。サムソンという日本を知る者が居る処でなんて……』

もう次のことを考え、心配している。

『今日はここに泊まって、明日の便でポートモレスビーに行きたい。しかしその便に空席があるかどうか……』

先客だったおじさんは、PMVがニューギニア航空オフィスの近くに来ると、

「ここで降りないのか？」

声を掛けてくれる。実はアイランズ・エアのカウンターでケビエンまでの便が無いことを知って、係員に、

「払い戻してくれ」

と言うと、

「それはニューギニア航空オフィスでやってくれ」

と言われていたので、それを聞いていたおじさんが気を使って、そのことを知らせてくれたのだ。このおじさんも外国人のこちらに対して親切にしてくれている。

「いいえ、終点まで行きます。そこに知人が居ますので」

そう応えて乗り続ける。バスはそして終点の海岸（崖上）通りのバススタンドまで走って止まる。下車すると、バス代を払う。そしてそのおじさんに、

「少し時間を貰えますか？」

「いいよ」

「すぐ近くに知人が居ますので、空港での状況を説明してもらいたいので」

「いいよ、大丈夫」

と言って随いて来てくれる。もう一人のやはり乗れなかった男の人も一緒に来てくれる。

三分後、ツーリストオフィスに入るとサムソンが居て、彼の電話が済むのを待って、事態を説明する。ボスは居ないが、ボスからすでに聞いていたのだろう。しかし、

「何時に空港へ行ったのか?」

と、確認するように問う。

「勿論十時より前だ」

私よりも先客だったおじさんが、

「私は九時三十分から待っていたのに……」

そして空港でのことを現地の言葉でサムソンに伝えてくれる。やはり来てもらって良かったと思う。あとは私が口を出すことなく、サムソンと客だった二人のおじさんとの間で、状況は語られ尽くされた。

サムソンはそれを聞くと、アイランズ・エアのオフィスへ電話する。そして向こうの相手と話す。そしてそれを終えると、

「取り敢えず、そのオフィスに行って話して来て」

おじさん二人も来るというので、私と三人、空港まで送ってくれたベンジャミンの運転で行く。

そこへの前にまず、一人のおじさんの持つ冷凍の品物を町中の「アンダーソン・スーパーマーケット」の冷凍庫に保冷してもらうべくそちらへ行き、それからアイランズ・エアのオフィスに向かう。

ここでもこちらが説明するまでもなく、二人がオフィスの女の人に話してくれる。相手の女の人は昨日私が予約の再確認を依頼し、実行した人でこちらのことを覚えていてくれたが、彼女にもどうしてそうなったのか、判らないと告げる。全く町のオフィスにはそのことは伝わっていないのだ。

では、何の為のオフィスなのか、と思ってしまうが、こういうところがこういう国なのだろう。従業員さえ知らない処で勝手に乗客が入れられ、そして運航される。それは凄い権力者の成せる業《わざ》なのだろう。普通の切符を持つ者の権利を全く無にすることのできるという者が、この航空会社には居るということだ。そこには民主的ということの全くない、業務を、運航を全く私物化できる権力者が居るのだ。

肝心の払い戻しは、航空券そのものの発行がニューギニア航空なので、そちらでやってくれ、ということで、ここに来たこと自体、全く無意味なことだった。

通り道にあるツーリストオフィスに寄り、ニューギニア航空に行くことを伝えて、そちらに向かう。ベンジャミンは表情を変えずに車を動かした。

時刻は正午に数分前で、もし昼食休憩に入ったら面倒だと思いながらオフィスに入る。

国内線の方はやはり行列している。国際線の方は客は居ないが、そのテーブルの前に坐る女の係員は電話中だ。

それを見た同行のおじさんの一人が奥への扉を開け、こちらに入れ、と合図する。そこには三人の女性スタッフが居て、それぞれの机で仕事をしている。

先に入ったおじさんが、彼女等のうちの一人にこちらのことを説明してくれる。あとから入ったおじさん——空港で先着していた人——もそれに口を添えてくれる。

私はアフリカ等のことを想像し、一旦入金した金は容易には払い戻されないだろうと半ば諦めている。しかし、結果として、手続きには多少の時間はかかったが、それは返金された。

当初三人居る女の人のうちの一人がこちらの対応に当たってくれていたが、二人のおじさんの説明を聞いて、他の二人の係員もその後、その処理に加わっていた。

「こんなことはよくあることなのですか？」

「あまりないことです」

私には結構頻繁にあることのように思われたが、そう言われて、

「じゃ、私はとてもラッキーだったんですね」

「そう、あなたはひどくラッキーだよ。あまり起こらないことを経験できたのだから」

と、先客だったおじさんが苦笑いをしながら言う。

オフィスの女の人は残っていた二枚の航空券を見ながら、コンピュータに処置方を打ち込んで

行く。いくら返金されるのか、心配になるが、処理はさらに続いて行く。

私はケビエン行きを諦めて、ここからポートモレスビーへ戻る旨を告げているので、

「いつにしますか？」

「明日のが有れば、それにしたい」

女の人は画面を見ながら打ち込んで行く。

「朝の便にしますか？」

「それは何時ですか？」

「九時半発です」

「それは何時、ポートモレスビー着ですか？」

「十二時三十分です」

「他の便は？」

「午後一時四十五分」

「それだと何時にポートモレスビー着？」

「三時です。この便はポートモレスビー直行ですから」

少し考えて、午後の便にする。理想は十時か十一時頃発だが、午後二時近くても向こう着が三時ならいいだろうと思い、そちらにする。

しかしのちに九時半でも良かったかな、とちょっと悔いる。早くポートモレスビーに着いた方

が動ける時間は多かったから。しかしもうそれを言っても始まらない。

ラバウル再泊

ラバウル→ケビエンは百三十二K、ケビエン→ポートモレスビーの料金は三百六Kで、計四百三十八Kが額面通りなら払い戻しになるのだが。

「キャンセル料として、二十K差し引かれます」

「えー、キャンセルは私の責任ではないのですよ。それは向こうの都合なのに」

「しかしこれは決まりですから」

「と言われても……。もしフライト時刻にこちらが遅れてそれを逃してしまったのならそれも分かりますが、今回は全くこちらに落ち度はないのですよ。それでも二十Kという多くの金を引くのですか？」

「残念ですが、それがこの国の規則ですから」

私は尚も納得しない風をしたが、この部屋に最初に入った方のおじさんが、

「仕方ないんだよ。それが決まりだから。誰もそれを変えることはできない」

そう言われ、払い戻しそのものを拒否されないだけでもいいか、と考え、それを了承する。

それでも百K以上は払い戻しされると思っている。何しろケビエン→ポートモレスビーの代金

が三百六Kだから、距離的に近いラバウルからなら当然それより安いと考えたので、二百六十か七十位かと。そうであれば二十K引かれても百五十位は戻ってくると考えている。

しかし向こうが弾き出した額は、

「九十八K」

再び、

「なぜ?」

「これはマイレージなのです」

この場合のマイレージとはどういうことなのか。搭乗客数が多いということで、この路線は高くなるということなのか。客が多ければむしろ安く設定してもいいように思うのだが。高くても乗らざるを得ないから、高くしているのだろうか。ここではそれでも外国人旅行者と言うことで、二〇パーセントの割引があって三百二十Kと言う。

「それがなければ三百九十九Kです」

「ガイドブックには二百三十一とありますが」

「それは古いものです」

「いつから上がったのですか?」

「ちょうど今月からです。七月一日から」

これもまたひどく運が良いことだ。一気に七〇パーセント、いやラバウル→ポートモレスビー間に関して言えば、二百三十一が三百九十九と、七〇パーセント近くの値上げである。

十二時三十二分、九十八Kの払い戻しと、明日のポートモレスビーへの航空券を得て、ニューギニア航空を出る。それなりに済ませて、ホッとする。三十五分間をベンジャミンは同オフィス前に駐めた車の中で待っている。一向にその表情は変わっていない。

ツーリストオフィスへの戻り道の海岸通りにあるココポ・エンターテイメント・センター前でおじさん達は下車する。この二人もひどく親切な人だった。心からお礼を言って別れる。可能なら、荷物を宿に置いて、戻って来てまた会いたいと思う。

ツーリストオフィスには同三十九分に戻る。サムソンはちょうど昼食を摂りに出ていて留守。こちらも、ベンジャミンと自分用の、コーラを買いに店屋へ行く。

それを購入して戻ると、サムソンも事務所に戻っていて、その昼食の弁当を食べている——それはここでは「ランチパック」と言うが、彼は私には日本語で「ベントー」と言った。

こちらもそのごはんの弁当を見て、それを売る店屋を教えてもらい、そこに行き購入して来る。サムソンは一時に出掛けるというので——その時、宿の近くまで車で送ってくれるというので——、弁当は宿で食べることにする。

実際は、十二時五十分、同オフィスを出る。サムソンに、

「申し訳ないね。また戻って来て、あなたの仕事の邪魔をして」

彼は逆に、

「こんなことになって、こちらの方こそ申し訳ない」

こういう処が僅か二カ月だが、日本に行ったことのある者の対応だろう。ひどく日本的感性も備えている。

四分後、下車地点のGSの処まで来たので降りようとすると、

「上まで送る」

なぜ？　と思うが、それが彼のこの事態に対する思いと考え、それを素直に受け入れる。

「宿の人にもこのようになったことを説明しなければならないからね」

十分後の一時ちょうど、宿の内庭に車は着く。そこまでの登りのひどい悪路も熟《こな》して来ていた。あまり登りたくない道に違いないのに。

サムソンは宿の人に声を掛け、私が戻って来た顚末を伝える。主人のウォルターさんは居らず、二番目の息子が居るだけ——長男は今この家には居ないようだ——だったが、彼は頷き、今朝まで居た部屋の鍵を渡してくれる。サムソンはそれを確認すると、

「明朝、また会おう」

「また九時過ぎにオフィスに行きます」

「OK、ポートモレスビーへのフライトは午後一時四十五分だね」

「ええ、ですから十二時頃にオフィスを出たいと思っています」

「OK、もしかしたら明日は私が空港まで送って行けるかも知れない」

彼もまたひどくいい人だ。自分の仕事に熱心であり、情熱を持って当たっている。宿までの道すがら、

「また日本に行って、ツーリズムのことを勉強したい」

と語っていた。

「大丈夫できるよ」

「でもその前に、日本語を覚えなければならない」

「そうだけれど、沢山学校はあるから、来れば見つかる」

彼ならやって行けると思う。日本人の心も理解できているのだから。

内庭で車をUターンさせると、登って来た道を下って行く。

朝まで使っていた部屋に入り、弁当——鶏肉にライス、野菜煮入りで三・八〇Kはこの町では安いだろう——を食し小休止後の一時四十六分、再び町中へ行く。あのおじさん二人が居れば、お礼に何か飲み物でも買って渡したいと思って——あの時もそうしたいと考えたのだが、一緒に下車して再度ベンジャミン一人を待たせるのも気がひけて。それに大勢の現地人が居る中を行くのは、ちょっと気後れがして。

ツーリストオフィス前を通って、海岸通りに出、右折してバススタンド、郵便局、そして銀行等の前を通って、おじさんが下車した辺りへ行く。しかし二時も回っている為、四時の便という

ことで、もう空港に行ってしまったらしく、二人の姿はなかった——こちらからは探せなくても、もし二人が居たらこちらを見つけることは（数少ない東洋種で目立つ筈だから）簡単で、見れば声を掛けて来ると思ったが、結局そのような呼び掛けはなかった。

折角この辺りに来たので、ずっと考えていてその度忘れていたテレフォンカードを“Telkom《テレコム》”のオフィスで購入する。日本のそれより厚く、デザインも二Kのそれは、現地人がその民族衣装を着けたもので、お土産の価値はあるように思えて。

テレコムから、来た道を戻る。この町に着いた当初、

『とても歩けない』

と思った大勢の現地人の居る中を歩く。

そしてゴルフ場のこちら端まで来て、『やはり今夜もそれで』と思い、夕食用のイモの天ぷらとソーセージを買いに、少し戻って店屋に入る。

それらを購入し、ゴルフ場脇沿いを通って博物館へ行く。昨日も来たが、もう少しゆっくり見ても良い処と思っていたので。

平和な光景

二時五十分に博物館に入り、内庭に置かれた旧日本軍の戦車やトラック、戦闘機のエンジン、

博物館の内庭の景

高射砲、その他多くの遺留品を見る。エンジンなど六十年近くも前のものとは思えぬ程の複雑さである。すべて国産だとしたら、やはり工業技術力は大したものと言わなければならない。アジア人で当時にもそのようなものが作れたのは日本以外なかったかも知れない。

大砲を見、特殊車輌を見、ヘルメットや速射砲等も見る。

その少し離れた処に「木登りカンガルー」他、鳥が飼われるゲージがある。

昨日も見たところを再度一巡する。今日は建物内には入らず、ずっと外に居る。

ワニも見て、そろそろ出ようかと思っていた三時十五分頃、スコールとなる。それは正しくシャワーのような降り様。一昨夜に降ったのもこんなだったのだろう。

建物の屋根下部分に入ってそれの通過を待

つ。たぶんそれ程長くは続かないだろう、と思って歇むのを待つ。
そしてやはり十五分程のちの同三十分も過ぎると、陽光が雲の間から洩れ出す。陽光の中の〝雨〟というのも奇妙だが、現実の光景だ。上手く撮れるか判らないが、とにかく一枚写真を撮ってみる。陽光と雨の流れが写っていればおもしろいが……。(※上手く写っていなかった)

同三十三分、博物館を出る。昨日と違って左方向へ歩いて行く。どこに出るのか判らないが、初めての道を歩くのもいい。

六分で道は〝Ralum Country Club〟に突き当たり、左にカーブする。

それに沿って行くと、するとラバウル地区へと続くバス道路に出、すぐ左側、通り向こうに宿への角のGSを見る。いい塩梅の裏道行だった。

そのGS付属の小さな店屋で夕食用の飲み物を買って宿に戻る。三時五十分になっている。

今日で本当に、今夜までで本当にこの町とも別れられればいいが。それはまだしかし定かではない。いつだって予定はその通り進むものとは思われないので。

予定外に延びたラバウルでの翌朝、これまでの二日間とは違って五時半近くになってもあまり日は射さない。風も吹いている。前二回の朝とは違った装いをしている。ただ、雨は降っていない。

六時、時計で計ったように、こちらの部屋の窓の前先にある調理場兼食堂に、こちらの朝食を用意する夫人の足音が聞こえてくる。時計を見て動いているのではないだろう——と勝手にそう思っているのだが——。正に習慣からこの時刻がピッタリ分かるのだと思う。約70㎝四方のテーブルにいつもの朝と同じ、食パンとコーヒー以下のものを乗せているのだろう。

そんな音を聞きながら、六時少し過ぎに、トイレ——調理場とは隣接するが別棟にある——に行く。短パンに上半身裸。但し、大き目のこの宿のタオルを肩に乗せている。

それを済ませてそこから出ると、調理場から夫人が姿を出す。

「おはようございます」

英語で挨拶する。彼女も同様に返してくれる。長閑かな一日が始まるのだ。何も忙《せわ》し気なことはない。暢びりとした人々の動きがあるばかりだ。四～五羽の鶏のみが内庭を走り回っているに過ぎない。

六時三十五分、朝食に食堂に行く。同じものがテーブルに置かれている。いや今日はパウダーミルクの代わりにスキムミルクの缶が置かれている。どこまでもその体裁を守ろうとしているようだ。イギリス式朝食という。

食パン三枚と、スキムミルク入りミロ＝カップ一杯＝でそれを済ます。そしてコーヒーを同カップに注いで、これは部屋に持って帰る。腹は満たされている。

そして今、部屋の前のテラスの椅子に坐っている。内庭があり、喬木のヤシやマンゴーが茂り、さほど高くない木もある。庭の芝に面して赤紫色に、あるいは白く、赤く、咲く花がある。しかしそれ等は決して鬱陶しいという咲き方ではない。

目を少し彼方に転じれば、ココポへのバス道路の向こうに木々があり、その先に Blanche 湾、そして Credner Islands の平板な島影が見える。

七時二十分頃から学校へ通う女学生が内庭脇の道を下って行く。

また不意に、マンゴーの実の落ちる「ボトッ」とした音がする。平和な光景。

今日は強い陽光も今のところは射さず、過ごし易そうだ。それは天空に厚い雲が覆っているからだが、逆にそれが影響してポートモレスビーへの便が欠航にならないことを祈るばかりだ。

航空券のキャンセルから払い戻しを受けたことにより、一昨日の両替が無意味なことになってしまっている。たぶんその両替分、百十六Kがなくても、九十八Kの払い戻し分があればギリギリ、ポートモレスビーでの日々も送れる筈だ。

しかしいくらか余裕をもっている方がいいし、残れば土産物用にも使える。そうなれば結果として、記念のモノが残る訳だから。そう思ってその日の両替を肯定する。それに掛かった一時間も無駄とは思いたくなかったし。

今、七時五十三分。あと一時間余をこの宿で過ごし、サムソンの居るツーリストオフィスに向かう。良い一日であればいいと願う。あとこの旅行も今日を入れて四日間だ。日本とは違う時間を過ごそうと思う。

ラバウル再々泊

ラバウルに五泊してしまう。そしてこのゲストハウスに四泊を。

今朝もこの町を発つつもりで宿を後《あと》にしたのに、二時間後には再び、いや三たび、リュックを背負って戻って来てしまう。今度はこちらの都合で。今日行く予定のポートモレスビーでの宿が確保できなくて。リュックを背負って、あちこち歩き回る自分の姿が想像出来、それが可哀想で。それならもう一日この町で過ごし、明日そちらに行ってもいいのではないかと思えて。明日なら宿を確保できているので。

話を今朝に戻す。

九時にサムソンの居るツーリストオフィスに行き、汗を収めて小休止後、彼にポートモレスビーでの宿の予約を依頼する。その相手《さき》はこちらのもつ電話番号。そこに当たってもらう。

最初に掛けた〝ドブ・トラベル〟は、「満員」と言う。二週間前予約しようとしたら、「あとで」と言っていたのに。つまりそこは個人の、あるいは紹介のない者の宿泊は認めない、ということになってしまったようで。ならばこういう宿はガイドブックに載せていてはまずいと思う。空室があったとしても、泊まれるということはまずないのだから。これはしかし私の誤解で、ただ単に一人の客は利益が少ないから泊めないということなのかも——そうではないと思うが。

しかし電話の向こうの相手は「満員」と言うのだから、こちらが何を言っても始まらない。得心する以外ない――この日の予約の受け付けはいつからしていたのだろうか。

次に当たったのは、明日二十九日の分は予約を入れてある以前泊まっていた〝ミッショナリーホーム〟だ。しかしここも、「今日は満員」と言う。他に〝YWCA〟とかを当たるが、やはり一杯でダメ。〝アンバーズ・イン〟にも掛けるが、やはり九十Kもするので泊まる気にはなれない。それで今日のポートモレスビー行きを止《や》める。

ツーリストオフィスを出て、急ぎ足で昨日行ったニューギニア航空へ行く。昨日と同じ奥の部屋へのドアを押し、昨日居た女の人の前の椅子に坐る。

「またちょっとトラブルがあって、予約の変更をしたい」

「どんなトラブル？」

「いえ、今日行く予定だったポートモレスビーでの宿が取れなくて」

と正直に言う。相手の女の人は同情するような表情をしながら、コンピュータを弾く。

「明日のフライトにしたいのですが、ありますか？」

調べてくれる。

「できたら午前中の便にしたい」

「九時十五分ですが、いいですか？」

「それをお願いします」

彼女は予約を変更してくれる。昨日の今日なので他の二人の女の人もこちらを覚えていて、好意的な態度を示してくれる。

予約が入ると、

「ポートモレスビーで、どこか安く泊まれる処はありませんか？」

試みに訊いてみる。すると、三人がともに親身になって探してくれる。

「ポートモレスビーのオフィスに掛けて訊いてみましょう」

目の前の人が言って電話してくれる。この気遣いはたぶん白人の国ではないだろう。

「あそこはどうか」

隣の席の女の人が言ってくれる。しかし、その名は高級ホテルだ。彼女等自身が別の町に行く時は、親戚か友人の処に泊まる訳で、知っている宿泊施設は必然的に有名なホテルということになっている。“Budget Inn”とか“Islander Travelodge”とか“Gateway Motel”とか“Airways Motel”とかである。「ゲストハウス」、とか、何とか「ホーム」という名は出て来ない。彼女等が電話帳まで出して調べてくれるのを見ると、安易には「もういいです」とは断れない。

当然、期待する結果は出ずにそこをあとにする。しかし親切な人達だ。そのことを知っただけでも良かったと思う。心暖かになるものがある。

ツーリストオフィスへの戻り道、テレコムがあるので、今日もテレフォンカードを購入する。再び土産用にと。

同オフィスに戻り、サムソンに出発を明朝に変えたことを伝え、再びVHゲストハウスへと戻って行く。たまたまオフィスに居た顔見知りとなっていた博物館の男に、彼の車で宿下のGSまで乗せて行ってくれるよう頼み、了承されてそこまで行く。車なら二分で着く。

そして宿へは歩いて七分。急坂をリュックを背負って行く。それだけで汗をかく。

今日も二番目の息子が居て、再度帰って来たことを告げ、泊まりたい旨を言い、それが許されて、金を払って、鍵を貰って、同じ部屋に入る。

四日も居ると、この空間がひどく落ち着く。この宿が在ったから、こんなトラブルがあってもこの町に居ようとしているのだ。もしこのような額で泊まれなければ、どこかに移動していただろう。

旧潜水艦基地、TAVUI《タブイ》岬

荷物を置いて十一時十分、宿を出てツーリストオフィスへ。サムソンが居れば迷惑をかけていること、そのお詫びとしての気持ちの意味で昼食としての「ベントー」を御馳走しようと思って。

しかしこんな時には居ないものだ。十二時過ぎまで待つが、戻って来ないのでそこを出、いつもの海岸通りのバススタンド前のカイバーに入って、ソーセージと揚げパン、そしてコーラの昼食を摂り、急拠スケジュールを組んだラバウル地区のMatupit《マチュピット》島、それからツーリストオフィス

ココポ地区，バススタンド前から見る海辺と，その光景

内の地図にあったタブイ岬にある"Japanese Submarine Base"に行くことにする。

ツーリストオフィスの女の人が、

「マチュピット島なら七番のバス、タブイへなら六番」

と言っていたので、バススタンドに先に来た六番のPMVのマイクロバスに乗り込む。学校帰りの青の制服を着た男女の学生で車内は一杯に埋まっている。

途中にこちらはいくらか眠ってしまう。各所で乗り降りがあって、ラバウル地区の入口端、警察署前辺には三十七分後の午後一時二十分に着く。運転手は、

「降りないのか?」

と問うので、地図を示して、

「Japanese Submarine Base方面へ行かないのか?」

と逆に問いかけると、行く、と言うので乗り続ける。

少し走ったマーケット前で半分程の客が降り、それでもまだ学生が十人以上乗り込んでいる。

先方のあのBPのGS前でUターンしてそちらへと向かい出す。

ココポへとの分岐道を右折し、山道に入って行く。そしてさらに走って下り、突き当たり三叉路を右折する。

暫く行くと、Nonga《ノンガ》病院前に達する。比較的大きな病院だ。

そこから先の処々で学生が下車して、あと少し走ると、運転手と助手と、その関係者だろう女の子と男の、そして私の計五人だけとなる。

一時四十五分、道は突き当たりとなり、その数メートル先は海で、ここがタブイ岬と知る。

左に回るようにして行くとUターン地点となる。こちらはそこで下車する。

六番のバスは結構頻繁に来ているが、運転手が助手に、私を私が行きたい処に連れて行け、と言ったようで、それで、

「ここで待っていようか?」

と訊くので、好意でそう言ってくれるのだと思い、

「そうですか、ありがとう」

と言って、その助手と、道路を挟んで陸側の崖を少し登って、そこに建つ民家の処へ行く。ここには二砲身の連射砲の残骸がある。

タブイ岬にある見張り台と高射砲。バスの助手（左）と案内人（右）

何も頼みはしなかったのに、そこの民家の婦人が誰かを呼ぶ。そして出て来たのは立派な体格をした若者で、そんなつもりは毛頭なかったのに、彼が案内人となりこちらを先導して行くことになる。もはや成り行きに任せる他ない。

一旦バス道路に下り戻り、右に折れた処の向かい側の崖を登って行く。その上に長い砲身の高射砲がある。見張り台のような、覗き見できるコンクリートのスペースもある。確かにここからのビスマーク海の眺めは良い。

二〜三分居て、バス道路に降りる。

次に、

「ビーチにケーブ（洞穴）がある」

と言うので、岩の海岸に降りて行く。男とバスの助手が先に立って行く。岩は海の水際《なか》に点々とあるので、少々私には危なっかしい。二人はポンポンと飛び越えて行くが、水で洗われている岩は滑り易いのを知っているので、ゆっくりとしか私は行けない。

〝足場を確かめて〟と、ゆっくりしていると、波が来てそれを洗う。こちらも少し靴が濡れてしまう。すっかりかぶってしまったという訳ではなかったので良かったが。

ケーブは海に向かう岩の中に作られていて、内へ入って別の水際《みぎわ》へ出られるように掘り抜かれている。ここにサブマリン＝潜水艇が浮かび上って収納されていたのかも知れない。ココポ街道沿いにも海に面していくつかの洞穴が掘られていたが、僅かの期間にこれだけのものを掘るというのだから、戦争の際のエネルギーとは凄いものだと改めて感心しない訳にはゆかない。

案内に立ってくれた男は、長い砲門の在った辺りから、ガイド料として「三K」と言っていたが、海のそのケーブを見終わった時、二K、で納得してもらう。それでも多い位だと思う。僅か十分も案内していないのだから。しかし時間のあまりないこちらは必然的にそのような案内に頼らざるを得ないので、それへの対価は当然支払わなければならない。

バスの処に戻ると運転手達は居ない。

数分待つとUターン地点の先方にある〝Submarine Resort〟という、たぶんレストランか宿泊施設があるのだろう、そこからコーラと食べ物を手にして戻って来る。

そして出発、二時十五分。ちょうどこの場所に着いて三十分後である。

ノンガ病院前に至り、そこに止まり、客を乗せ、来た時のルートを戻って行く。坂を登り下り、一山を越して、ラバウル地区のマーケット前に着いたのは二時三十二分。

ここでバスの運転手と料金のことで揉める。彼はこちらの見物が終わるまで待っていたのだから、特別料金になると言って、「十K」を要求する。しかしこちらは彼が好意でそうしてくれたと思っているから、それは受け入れられない。もし当初から、

「十Kかかる」

と言っていたら、待ってもらうことなど頼まなかっただろう。このことを言う。しかし彼は、

「これはPMVバスだから、本当は待たなくていいところを待ったのだから、料金が別にかかる」

こちらはPMVバスだからこそ、本来は待つ必要もないのに待ったのだから、それは好意と思っていた、と言う。それに、

「待っていた」

と言っても、それは大してこちらに関係はない風もあったのだから。彼には全く先を急いでいる風はなかったし、日本のように運行時刻が決まっている訳でもなかったのだから、そのことによる影響など全く考えられなかった。

「私には十Kは、とても払えない」

「あなたは沢山、金を持っている」

そう見られるのは外国人だから仕方ないが、

「いや、沢山の金なんか持っていない。貧しい旅行者に過ぎないのだから」

下車後に、他の乗客達を乗せたまま待たせて、暫く助手側の窓越しに言い合っている。助手は

何も言わない。いくらかこちらに同情の風も浮かべている。それは一緒に崖を登り、岩場を飛んで洞穴を見たりしていたからだろう。運転手よりは親近感があったから、彼も同じように感じていただろう。

結局運転手は正規のバス料金としての「三K」でしぶしぶ納得する。

こんなこともあって当然だろう。嫌な思いをしてもいいのだ。何でもすべてがうまく行き過ぎるのは、間違いなく良くないのだから。

陸続きとなった島

マーケット前でマチュピット島への七番のバスを待つ。そのバススタンドに女の人が二人居る。その人達に声を掛ける。

「マチュピット島へ行くバスが出るのはここですか?」

「そうだ」

ガイドブックに載る写真を見せる。戦闘機の残骸が火山灰を被《かぶ》っているものだ。それを見て二人はすぐに頷き、誰かを呼ぶ。後ろから青年と覚《おぼ》しき——年齢が見た目では判らない——真っ黒な男が現われる。人相はあまり良くないが、どうやらこの男がそれのある処を知っているようだ。これも頼んだ訳ではないが、成り行きとしてその男が案内に立つようだ。

二十分余り待った二時五十四分、やっと七番のバスが来て乗り込む。それだけ来なかったら、小さなPMV（トヨタの「ハイエース」）は満員だ。それでも乗り込めてホッとする。

マラグナ大通りを一昨日歩いた方向へ行き、さらにマンゴ・アベニューへの角も越えて直進し、突き当たり近く、Kombiu Aveを右折する。もうこの辺りから道は灰一色となる。

暫く一直線、一本道を行く。

数分走ってVulcan Stに突き当たり、左折し、あとは道なりにカーブして進む。

そして何もない灰ばかりの処で降りる。先程の女の人二人が、

「ここから行くように」

という風に、男と共にこちらの下車を促す。こちらは男に従って歩く以外ない。

バス道路から右手側に入って行く。灰が固まったちょっと不気味な処を行く。

「ここはかつて滑走路だった」

男は言う。すでに噴火前までは空港だった敷地内に入っているようだ。見渡す限り何もかも、文字通り灰色一色だ。左手前方に木々の繁りが見え、そちらへと幾筋かの轍の跡が続いている。

しかし旅行者では、一人だけだとしたら決して不安で辿れない道だ。

男はこちらの傍に寄り添って歩いて行く。もはやこの男を頼りにする以外ない。

「あなたの家はこの近くにあるのか？」

「いや」

旧日本軍の爆撃機の残骸

確かに付近に民家のあるような感じはしない。とすると、全くこちらを案内する為に下車し、行を共にしているのだ。

「先程の女の人二人は誰?」

「二人とも私の姉さんだ」

顔は全く似ていないが、姉さんだからこそ、命令口調で――ちょっと見、人相のあまり良くない若者に――言うことができたのだ。

灰の道を暫く行って、左の林の中へ入って行く。確かに地元の人間の案内がなければ判らない。但し、轍に沿って行けば、あるいは可能かも知れないが。

バスを降りてから歩くこと八分で、その写真にある機の残骸の処に達する。木立ちの中に隠れるようにして在る。しかしこれが多くの者の見物に資しているのだろう。

その周辺の木々は見物客の来場を想定して刈

られ、またヤシの実さえ何のつもりか、長方形に並べられてもいる。ヤシの種も袋に入って置かれているところを見ると、この土地の所有者がちゃんとここ周辺を整理・管理していることが窺われる。

そこに六分居て、再び男の先導で、来た時とは違った方の林の中を行く。そして小集落を抜けて行く。

「マチュピット島へ行きたい」

「そちらに向かっている」

島と言うからには橋があると思うが……。

十一分後、バス道路へと林から抜け出る。そして三分後、

「ここが橋だ」

しかしどこにも橋のカケラもない。ここまでの道と同じだし、その先方も何一つ変わらない。

「噴火で島との間にあった海がその灰で埋まって無くなり、陸続きになった」

橋そのものも灰の下に埋まってしまったのだ。彼は道から草を分けて下へ降りて行く。そこはかつての海だった処だ。確かに草木の生えていない一角になっている。

「ここを海水が流れ、島とラバウルとを分けていた」

眼前真近、マチュピット湾を挟んでトゥラングナン（南の娘）山、Tuvurvur 山、そして弧を描いて繋がる Rabalanakaia 山、コンビウ（母）山がはっきり見える。五年前までは海だった処

に立って、ちょっと不思議だ。ここから見ても橋の形は何もない。かつての橋辺に五分居て、バス通りに戻り、マチュピット島へと入って行く。

二分後、男は、もう見せるものはない、といった態度を示し、

「金を払ってもらいたい」

そら来た、と思う。それは覚悟していたことなので、

「いくら」

彼は少し考える風をして、

「十K」

「それは高いよ」

「いやガイド料は十Kだ」

「じゃ、お姉さんに会ってまずお礼を言ってから決めよう」

「二人には俺から言うからいい」

彼は私が姉さんに会うことは好まないようだ。会えば、金のことは無視されるかも知れないからだ。姉さんたちが告げたのは、好意でやるように、という意が含まれていたようにも感じられた。しかしこちらも先程のタブイ岬のこともあるし、何も払わない訳には行かないと思っている。それであの時と同じ、二K、払うことで合意する。金を渡すと男はもう歩くのを止《や》めて、

「ここでバスを止めよう」

こちらも、「何もない」と言うバスの終点まで行く気も起こらず――というより時刻も気になっていた。早くココポに戻り、できたらサムソンに会いたかった――、ここで男とバスを待つことにする。男は、それが好意という風に、

「バスを俺が止めてあげる」

バスを止めるのは私自身でもできるが、その言を受け入れる。

それは三分待つとやって来る。ここは「ローライ村」と男は言った。

満員近くのそれに乗り込み、男と別れる。二Kで大した無駄な時間も持たずに過ごせたと考えれば安いものかも知れない。いくらか運はあるようだ。

灰の道を行き、先程下車した旧滑走路を通り、今回は「カイブナ・リゾートホテル」に通じるナマヌラ通りとの角を左折して、そこまで至り、そこを右折して――ここで客を二人乗せる――サルファー・クリーク通り、マンゴ・アベニューを走って、角のＢＰのＧＳに入って給油する。リットルで言わず、料金で言って（六Ｋ）給油する。

そしてマラグナ大通りのマーケット前に達したのは三時五十五分。下車する。

四分後来たココポ行きの一番のバスに乗って戻る。『四時を過ぎてしまうのでサムソンのオフィスは閉まっているだろう』と思いながら乗っている。

四時三十三分、ココポの終点、海岸通りのバススタンドに着く。

ツーリストオフィスへ行く前に、そこにあるカイバーで、夕食用にと、いつものソーセージと

イモの天ぷらとコーラを買って行く。

そしてツーリストオフィスには同三十八分に着く。ドアは閉まっているものと思って押すと、開き、サムソンがその友人と話し込んでいる。

こちらは彼を見てホッとし、しかし彼は何とも不思議な表情をする。彼にとっては、私は昨日から厄介な存在になっていたからだ。宿の予約をさせられてばかりいるのだから。そんな彼の気持ちが解っているので、

「もうあなたの仕事の邪魔をすることも明日でなくなりますから」

「そんなことはない。それもこちらの仕事だから」

しかし内心はホッとしているのも解る。

「明朝は何時?」

また確認する。

「九時十五分だから八時には空港に着いていなければならない。大丈夫、私一人で行けるから」

「OK、空港までは一人で行って下さい。但し、ぼくも明朝空港へ行きますから、九時頃にはそこで会えるでしょう」

それはリップサービスかも知れないが、それでお互いが笑顔になれれば良い。

八分でオフィスを出て、歩いて宿に戻る。本当に今夜がラバウル最後の夜となれば良いが。

今朝、宿の子供たちがくれたマンゴーも夕食に食べて、一日を終える。

この国での思い出は、あるいはこの町が一番になるかも知れない、と思いながら眠りに就く。明朝も六時起床だ。それで問題ない。

ポートモレスビーへ

昨日（七月二十八日）の朝からココポのメインロードは片側（二車線）だけだが——砂利敷きだけれど——穴ぼこのない道となった。それまではずっと運転手には走りづらい道だったに違いない。これからアスファルトを流し、本格的な舗装道路にして行くのだろう。その境目に立ち会えたのは、ちょっと嬉しい。この町が変貌して行く一つの区切りの日だったのだから。

しかし昨夕から再び、もう一方のデコボコ道での通行となっている。但し、砂利敷きの方に通していた半日間でその道の凹凸を大型特殊車両で直していたので、いくらか走り易くなっている。

今朝も、砂利敷きの方は通行されていない。こちらは従って宿を七時に出ると——主人のウォルターさんとその奥さんに三度目の別れの挨拶をしてのちに——坂を下って、バス道路に出てからは、その砂利敷きの方を歩いてバススタンドへと向かう。まだ朝も早いこともあって、走る車の姿も少ない。

砂利敷き道から左に折れて、ツーリストオフィス前を七時十四分に通過する。まだ鉄扉は閉じられたままだ。

二分後、海岸通りのバススタンドに着く。ここが空港からもラバウルからも、そのバスの終点だ。日中程は人は居ないが、それでも各方面へのそれを待つ人の姿は多い。

同二十三分、一番のバスでそこを発つ。十二人乗せて満席だ。

一昨日も通った道を行く。もう今日は戻って来たくはないと思う。

二十三分後に終点の空港に着く。

この町は良い。レイと違ってPMVバスがちゃんと出発ロビー前まで運んでくれるのだから。それも頻繁に往復してくれているのだから、少なくとも空港からの移動の足を心配することはない。料金だって一Kだし、途中、人の乗り降りをする処は数カ所で、PMVでさえ三十分もかからずに着く。

そこへの道の両側は、多くヤシの木とカカオの木の濃密に茂るプランテーション、ジャングルになっているから、その間はどの車も七〜八十㎞のスピードで疾《と》ばせる。故に、間違ってもココポから四十五分はかからない。乗ってしまえば時間の予測もできて、これまでのこの国の空港の中では最も旅行者には便利の良い処だろう。

定刻は九時十五分、ニューギニア航空カウンター前には荷物が二つ三つ置かれている。白人が一人居て、

「Too early（早過ぎた）」

と話し掛けて来る。こちらも「そうですね」と言って彼の荷物の後にリュックを置く。便の変

更を昨日オフィスでした時、係員は、

「八時までに行って下さい」

と言っていた。九時十五分が定刻ならそうだろう。従って八時になった時にはいくらか客が増えている。私の後ろに四〜五人居る。しかしカウンター内の業務は行なわれない。

八時少し前に、ニューギニア航空の印《マーク》をつけた車が出発ロビー玄関前に到着し、係員らしき者たちが四〜五人降りて、カウンター後方の彼等の控え室に入って行ったが。

八時六分に一人の男が出て来て、チェックインを始める。先頭の客は現地人カップルだが、五分以上もかかる。機に積み込む荷物で揉めている。重過ぎるのか、二つのみカウンター内に入れて、一つは戻している。

次は先程言葉を交わした白人。彼もひどく時間を喰う。カウンター内の係員に何か言っている。何かは私には分からないが。とにかくそれでも彼の荷物はコンベアに乗せられてカウンター内へ行く。搭乗はするようだ。やはり五分程かかっている。

そしてこちらの番になる。航空券を示し、彼は受け取るとコンピュータを弾く。そして、

「荷物は？」

「ありません」

ニューギニア航空の場合、こちらのリュック程度なら機内の棚に収まるので預けない。降機してから、それの出て来るのを待つ時間が勿体ない。

こちらにかかった時間は一分程だ。こんな風に誰でもが終わればスムーズに進むのだが。

「途中、どこかに止まりますか？」

「ホスキンスに一回」

「機を乗り換える必要はないですね？」

「ない。同じ機がポートモレスビーまで行く」

それを聞いて、そこを離れる。

八時十七分、まだサムソンは来ていない。ロビーの椅子に坐って待つ。

九時十五分になっても何の動きもない。その時刻にチェックインにやって来る者も居る。そのカウンター前に客が居なくなったのを見て、そこに行き、係員に訊く。こちらがチェックインした時とは違う男が居る。

「いつ出発するのか？」

「十時四十五分」

「一時間半の遅れか。その機はどこから来るのか？」

「ポートモレスビー、レイ、ホスキンス、そしてここだ」

ここに来るまでに二回の離発着があれば、それ位遅れてしまうかも知れない。それを知って、九時半を回っても、十時半を回ってもイラつくことはなくなる。十時四十五分頃まではどうしよ

空港のツーリストオフィスで，サムソン

うもないのだから。

九時四十分、一般ロビーから出発ロビーに移動する。と言っても誰でもそこへ入ることはできる。一応扉はあるが、入る者をチェックする者はいない。気が楽になって日本から持参の文庫本を読み出す。焦っても時が来なければ事態は動かないのだから。

十時十五分、ツーリストオフィスを覗く。灯りが点いている。扉を押すとサムソンが居る。来るとは言っていたが、来ないかも知れないとも思っていたのでちょっと意外だ。

明らかにもうこちらは、彼に歓迎されていないのは、その態度で窺われた。しかし一応約束として、このオフィスでの彼の写真を撮る。これで彼のは二枚となる。それを日本に戻ってから現像して、送ればいくらか彼も納得してくれるだろう。

こちらのポートモレスビーでの宿のチェックの依頼も、「そのホテルの電話はビジーで繋がらない」とだけ言って、再びは掛けてくれない。こちらにとって彼との出会いの最大の意味は、その翌日に日本へ電話を掛けられたことだ。それをしてくれたことだけでも充分、彼には感謝しなければならない。

すぐにはオフィスを出ないこちらに彼はいくらか遠慮がちに、

「日本の腕時計が欲しいのだが……」

日本に来た時買った、様々な機能のついたそれは、「父親にプレゼントしてしまった」と言い、「今はないので新たに購入したいのだ」と言う。

「分かった。取り敢えず時計のパンフレットを、今までに撮った写真と一緒に送るよ」

「そうしてくれるかい。ありがとう」

「ところで、どの会社のがいいの?」

「セイコーとカシオ」

「じゃ、その二つの会社のパンフレットを送るよ」

彼の依頼は当然叶えなければならない。パンフレットを送ることは容易《たやす》いことだ。

オフィスに居ることは彼の仕事の邪魔になるので用件だけ済ますと、出発ロビーに戻る。

この間に結構多くの客が入って来ている。

十時三十七分、ニューギニア航空の機が着陸する。

そして数分後、建物近くに止まると客が降機して来る。あとはこちらの搭乗だ。

それは十分後の四十七分から始まる。外への扉の処で係員に座席番号と名前をチェックされて、機へと歩き出す。

十四のD。十六列あり、後ろから三列目。そしてこの列より後ろには結局客は来ない。八十人乗りに今日は三十八人の乗客。スチュワーデスが数えて来て、私で「Thirty eight」と言っていたから。

Focker F-28型機。スチュワーデスは三人居る。

十一時九分、離陸する。スチュワーデスに訊くと、

「一時間二十分」

そのフライト時間を言う。

「途中、ホスキンスに止まるのか?」

「いいえ、ポートモレスビーへの直行便」

チェックインした時の係員は何を勘違いしたのか。いや航空券を売ったオフィスの女の人も、「ホスキンス経由」と言っていたから……。この辺のことがこちらには解らない。なぜ、変わってしまうのか。それとももともと直行便だったのか。

それでも直行便なら、十二時三十分頃には着くと思って、

『その後、充分動く時間がある』

と考え、いくらか喜ぶ。

水平飛行に入って、スナック的食事が出される。パンケーキ一つと、コーヒー。しかしこちらにはパンケーキが余分に配られる。乗った時、スチュワーデスに、

「空腹なのだが、何か食べるものは出るのですか?」

と訊いていたので、そのスチュワーデスが全員に配ったあとで、もう一つ持って来てくれたのだ。その気遣いが嬉しい。単純な人間だから。


一時間は、あっという間のこと。着陸は十二時十三分。実質飛行時間は一時間と四分。

空港建物前に止められて、降機したのは同十八分。国内線なので、到着ロビーを、すっと通ってすぐ外に出る。そして歩いてＰＭＶのバス停へ、同二十一分に着いている。

バスが来るかは判らないが、十人位その三つある屋根付き停留所に分散して居る。少し待って来なければ、最初の時同様、歩いてエリマのバススタンドまで行こうと考えている。

ところが三分してマイクロバスがやって来る。十五番だ。停留所に居た男に、

「ボロコに行きますか?」

と訊くと、

「行く」

と言うので、一緒に乗り込む。その人もそちらへ行くようだ。

ここ首都のＰＭＶバスでは乗り込んですぐに代金を払う。これはマダンともウエワクともラバウルともココポとも違う。ちょっとそのことを忘れていて、同時に乗り込んだ人の払うのを見て、こちらもそうする。ここでは五十ｔだから、気は楽だ。

ポートモレスビー

二つのタイプ

十二時四十分、見慣れたボロコの屋根付きバススタンドに着く。すぐに宿へ向かう。六分後に着く。しかしオーナーは居ない。暫く待っても来ない。使用人の現地人も居ない。受付前のコモンルームで待つ。

十五分後、使用人が姿を見せる。宿泊する旨を告げると、彼は予約者を書いた紙を受付で確認する。

私は自分の名前の書かれた処を指差す。それは部屋番号「5」の処に書かれている。彼は、

「五号室だ」

しかし勝手に行くこともできないのでそこに居ると、彼がその部屋へ案内してくれる。二週間前は四号室だったから、その隣だ。

「カギはオーナーが来てから貰え」

取り敢えず、リュックをそこに置いて外に出る。歩いて二分の「ドブ・トラベル」へ行く。一

昨日ラバウルから入れた電話では「満室」と断られたが、どうも電話《そ》の相手があの親切なJohn Paru《ジョン パルー》とは違うように思われて（サムソンに掛けてもらったので、私には相手が誰だか判らなかった）。とにかく行ってみる。彼に会って、直接断られれば、納得するつもりだ。

午後一時少し過ぎにそのオフィスに入る。しかし彼の席に彼は居ない。そこに居る女の人に訊くと、

「煙草を買いに行っている」

ならばすぐに戻るだろうと思って待つ。しかし五分過ぎても来ない。彼の隣の席の女の人——先程とは違う人——が、

「私が用件を聞く」

少々瞳に険のある人なので、『まずいな』と思うが、そう言われても拒否する理由もなく、

「明日ここに泊まりたいのですが……」

「今週も来週も一杯」

彼女は全く好意のカケラもない口調で言い放す。

『ああ、やはり問うべきではなかった』

と思う。ジョンが来るまで話さなければよかったと。

「では、この町で安い宿を紹介して欲しい」

「この町に安く泊まれる処などない」

『ああ、本当にこの人とは話さなければよかった』

人には二つのタイプがある。他人に対して悪意というか、敵対的というか、好意のカケラも示さないタイプと、見ず知らずの人だからできるだけ善意で対して、相手の力になってあげようとするタイプと。今私は前者と対してしまっている。

彼女が、「無理よ」と言っているその時、ジョンが戻って来る。こちらが彼の前に席を移すと、彼女は横から、

「今週も来週もすでに一杯よ」

と投げ掛けてくる。手に負えない人だ。何かイラつくことが彼女の身に起こっているに違いない。あるいは何か今日、良くないことがあったのか。それともアジア人が嫌いなのか。

ジョンはしかしそんな彼女の言葉とは違う表情をしてくれる。

「どうだったか。旅行はうまくいった?」

「ええ、あなたの予約してくれたホテル等はすべて泊まれました。とても感謝しているのです。ポートモレスビーに戻ったら、一言お礼を言いたくて、また来ました」

そう言うと、笑顔を作ってくれる。

「あの時予約しようとしたら、『その時にまた来なさい』と言ったので、また来たのですが……」

「OK、分かりました。予約を確認してみます」

どうやら確かに予約は一杯のようだ。しかしその予約者の中に来てない者も居るようで、そこ

に私を入れようと考えてくれているらしい。

「明日の一日だけですから、何とかお願いします」

「明日の一日だけですね？」

「ええ、その翌日には日本に戻るフライトに乗りますから」

それを信じさせる為に、そして彼自身の決断を一層後押しする為に、三十一日ポートモレスビー発、シンガポール経由、成田行きの航空券を見せる。

ジョンはそれを見て、意をより強くしたようで、

「今、上司に訊いてみるから」

少し離れた席に坐る男に話す。上司《かれ》は、空いている部屋があるのならいいだろう、というような素振りを示す。どうやら許可されたようだ。

ジョンは戻ると、それで初めて予約帳にこちらの名前を記入する。

「ありがとうございます」

「いいえ、これが私の当然の仕事ですから」

「……」

「この国に来てくれた外国人に、良い印象を持ってもらいたいですから。それに協力するのがこの仕事の務めでもありますから」

旅行会社の人だからそう言うのも判るが、彼が彼だからこそ、そうなのだ。旅行会社の社員で

ジョン・パルーさん，彼のオフィスの机にて

も、隣の席の女の人のように、この国に良い印象を持ってもらう必要はない、と言う態度を取る人も居るのだから。

「明朝、来ていいですか?」

「ええ」

「何時に来ればいいですか。このオフィスは何時から開いていますか?」

「八時からです」

「ではそのあとならいいですね?」

「ええ、そのあとなら何時でも」

「明日もあなたはここに居ますね?」

「ええ、明日あなたが来て、お金を払ったら、部屋のカギを渡しますから、大丈夫です」

「ありがとうございます」

「何でもないですよ」

彼はひどく物静かな男だ。私よりずっと年下だろうが——三十歳になるか、ならないかだろう——、頼り甲斐のある男と思う。

彼の名刺をもらってオフィスをあとにする。これで気持ちがずっと楽になる。この町での残りの行動が心置きなく出来るようになる。金の使い方も決まる。

一旦宿に戻る。

それから買おうと考えている靴をスーパーで見て回る。足のサイズがよく分からない——表示の数字はイギリス式か、それともアメリカ式か、はたまたこの国独自のものか——。しかしそれは履いてみればいいことだ。大体のそれに目安をつけて出る。

そしてカイバーに入って昼食を摂る。やっと食事を摂る気になって。

番犬

再び宿に戻って、そこに居たオーナーに宿泊代を払い、部屋のカギを貰う。現金等はむしろこの宿なら置いていた方が安全と考え、パスポートのみを持って Gordons《ゴードン》 マーケットへ向かう。

バススタンドから十七番のそれに乗る。

十分で着いたそこは、これまで何度も来ていた処。空港への際に乗り換えた処だ。今回下車して、初めてその全体を見て歩く。

洋品、果物、野菜、肉、魚、何でも売っている。しかしこちらが買おうとしている現地人の持

つ毛糸で編んだ色鮮やかなショルダーバッグがない。マーケットを一回りしてもない。それで私物としてのそれを持つ女の人に、

「それを買いたい」

と言うと、

「あそこで売っている」

と教えてくれる。そこへ行くと、確かに囲いの鉄柵に掛けられている一つ二つがある。しかしその数の少なさに、本当に売り物かどうか疑問が湧いて、そこに居る女の人に問う。

「売り物だよ」

編み目の荒いのが「十五K」と言う。それはあまりに頼りないので、買う気はない。もう一つのしっかり毛糸を使った、ちゃんとして肩ひも部分のある奴は、しかし、

「五十K」

日本円でも二千六百円もする額だ。

「高いよ。ディスカウントしてよ」

しかし相手は、こちらの言に全く取り合わない。二十Kなら買おうと思うが、その値の開きは大き過ぎる。

そんなやり取りを見ていた別の物を売る女が自分の持ち物のいくらか小さなそれを見せて、

「十五K」

それは先程の「十五K」よりはるかにいい。肩ひもも付いている。『これならいいな』と思うが、試みに、十五Kを十Kと値切るがダメ。

「本当は二十Kのところを十五Kにしているのだから」

個人が私物として使っていたので少々汚れてはいるが、どこにもほころびや切れはないようなので、それを買う。

早速それを肩に掛けて、生《なま》で持っていたガイドブックを入れる。これが欲しかったのは現地人と同じ物を持って歩いている限り、ひったくりや強盗に遭う確率が低いと思ったからだ。同じ物が迷彩となるのだ――それは状況は全く違うが、かつてのソ連旅行における「毛皮の帽子」と同じだ。寒気強い中、それを被らぬ者など私以外誰も居らず、遠くからでも一目で、「異人」と視認できてしまい、かつてそこで拘束され、尋問される破目に陥ったことがあった。その後、その毛布の帽子を購入している――。その為の十五Kなら仕方ないと思う。但しこの色では、とても日本では男には使えないものだが。

三十分でゴードンマーケットをあとにする。

四番のバスでボロコに帰って来る。まだ四時少し前だが、各店は閉店準備を始めている。

バススタンドに一番近い道路側の端のスーパーの中にあるカイバーに入る。ここにはヤキソバにシチュー掛けライスがある。それが閉店間近ということで一弁当《パック》が一・二〇Kと言う（本来は一・五〇K以上）。それを購入して宿に戻る。

移動日の一日が終わる。あと一日、何事もなく過ごせば帰国への途につけるだろう。それを祈るばかりだ。

白人の経営する宿は清潔で安全で、ほとんど何も心配はない。ただその対応はひどく冷淡だが。

三週間履き続けたGパンも明日でその役割を終える。帰国への日は持参のまだ一度も履いていないもう一本のそれに履き換えるつもりだ。今のGパン《それ》ではちょっと汚な過ぎる。

荷物の整理も明日の夜には済ませていなければならない。明日は一応、SOGERI《ソゲリ》村に行って来るつもりだが、どうなることか、確かなことは言えない。ここまではとにかく、結果としてはうまく進んでいる。


宿の朝食は七時三十分からだ。それに合わせて、六時五十分に起床する。目はその前から醒めていたが、起き出さない。

昨夜から今朝にかけて、セキュリティ用に各家で飼われている犬が、その役割を果たすべくあちこちで吠えるのが聞こえた。たぶん、ただ道を歩いているだけでもその家の前を通り掛かれば、吠えていたのだと思う。確かに「番犬」になっている。

しかし安全確保の為とは言え、日本では——一般的な日本では——考えられないことだから、ちょっとその声は異様に聞こえる。

この国ではほぼどの町でも同様に各家は、安全確保にかなりの神経を使っている。町中ではどの家も、家屋の周りを柵で囲い、人（及び車）の出入り口には鉄扉を用い、鎖でそれを巻いて閉じている。セキュリティだけの為の人間を雇っている処も多い。それ程までしないと落ち着いて暮らせない訳だから、もし日本の生活様式、暮らしぶり――特に伝統的家屋構造――を見たら驚くに違いない。ガラス戸一枚の玄関にカギさえしないで寝てしまう家々も、場所によっては多くあるのだから。

七時三十分、食事係の男の鳴らす鐘を合図に泊まり客が食堂に集まって、それを食する。約三週間前と何も変わらぬメニュー。

コーンフレークをボールに盛り、砂糖を振り、牛乳を掛けて食べる。ジュースがあり、コーヒーか紅茶があり、それを食している時、係の男が、焼いたトーストを持って来る。バターやジャムやピーナッツペーストを付けて食べる。白人は八人（五歳と一歳位の子供を含む）。あとは白人とのカップルの現地人の女の人と私で計十人が一つのテーブルを囲んで食する。

一人の白人の男の祈りの言葉のあった後《のち》、食べ始めている。ミッショナリーホームだから、人が集まれば食事前にはお祈りをする。ふと、アフリカ旅行時の、ザンビアの首都ルサカ郊外の農場で送った数日のことが思い出される。あの時も食事の前には主人が、あるいは夫人がお祈りの言葉を述べていた。

三十分で食べ終え、一人の白人が席を立つと、それを合図のように皆も立ち上がる。終わった時には特別何も言わない。

八時十五分、昨日予約した「ドブ・トラベル」へ、リュックは背負わずに行く。ジョンがオフィスに居て、手続きをしてくれる。実際、二十Kを支払い、領収書を貰い、カギを受けるまでは少々不安もあったが、大丈夫泊まれる。

部屋は一階の四号室だ。

ここは最初に来た時、現地人の男二人が泊まっていた部屋だ。彼等は一日で出されて、「アンバーズ・イン」に移動したが、どうやら紹介者のいないゲストは長くは泊めないようだ。なぜかは解らぬが。

八時少し過ぎに来ても部屋は綺麗で、今朝まで誰かが泊まっていた様子はない。たぶんこの部屋はずっと空いているのだと思う。それでも泊めないのは、二十Kなら泊めてもその掃除等、メンテナンスで足が出るとでも考えているようだ。旅行者にとってはひどく勿体ないことをしていると思う。何しろシングルベッド一つだが、その広さは四～五人が泊まれる程もあるのだから。勿論シャワー、トイレ付きでおまけに冷蔵庫、電気レンジ付き。ナベや皿、カップ、フォーク、スプーン等、自炊さえ出来るようになっている。

ベッドは一つだが、ソファがあるので二人までは寝袋がなくても寝られる。ここに、もしいつでも泊まれるなら、この町での滞在もし易くなると思うのだが。

部屋を確認すると、ミッショナリーホームに戻り、リュックを取って、カギを受付に返してそこを出る。両者の間は歩いて二分なのでひどく楽だ。

ソゲリ村へ

八時三十九分に荷物を移動し終え、十五分後、今日の予定を消化すべく動き出す。

この国の通貨がいくらか余りそうなので、スニーカーを購入しようと思う。昨日、目を付けていた近くのスーパーへ行き、選ぶ。

小一時間、二つのスーパーで見て、一つの方で二十九・九〇K（約千六百円）のそれを購入する。その値段ならいいだろう。勿論中国製の大した代物ではないが、日本ではそんなには安くない筈だから。荷物は増えるが、ギリギリ持って行くことは可能に思う。

それを置きに一旦宿に戻り、そしてすぐに出る。今日の予定は一つ。ソゲリ村に向かうこと。

十時十分に出て、同二十分バススタンドに着くとすぐに十七番のバスが来て、それに乗り込む。

昨日行ったゴードンマーケットには十一分で着き、バスを乗り換えてそこへ向かう。PMVバスだが、町中を走るマイクロバスと違って、ラバウルでのバスのように小型車だ。十二～三人乗ると満席となる。これもいい具合にこちらが乗り込むと満たされて、走り出す。同三十七分。

十分も走ると、首都と言えども田舎の光景となる。そしてさらに数分で、山中への道となる。

ちょっとした旅行気分。Laloki《ラロキ》川が左手に見え、それに沿って高度を上げて行く。発電施設がその川辺に見えて来る。大きな鉄塔、送電線がある。

かなりの急勾配の坂を登って行く。

十一時十三分、一瞬だがRouna《ロウナ》大滝が眼下に見える。さらに高度を上げて行く。

二分後、"Kokoda《ココダ》 Trail《トレール》 Motel"前を通過する。そしてさらに一分走ると、道の左側に記念碑の建つ一画に出る。このココダ記念碑を中心に三つの道に岐《わか》れている。左に行けばココダトレールに進む。時間と金さえあれば、いや誰か連れでも居れば、その道を動いただろう。一人ではどうしようもない。バスは直進する。

さらに十分走ると右手に、"JAROWARI SCHOOL"が見えて来る。ここは全寮制の学校だ。聞けば十二歳から十九歳までの生徒が居るという。ここでは下車せずにとにかく終点まで行く。

そこはさらに一分走るとある「ソゲリ・ナショナル《国立》・ハイスクール《高校》」。これは道の左側にその敷地はある。ここも広々とした中に、いくつもの教室、その他の建物がある。

しかしここでも下車せずに、ガイドブックに載る写真の図書館のあるというJAROWARI SCHOOLまで同じバスで戻る。

こちらの学校は私立という。五百人位の生徒数があり、月～金曜まで授業がある。土、日曜は何をしているのか、と訊くと、「土曜は自分で学習していて、日曜は自由にしている」と。

「ポートモレスビーには行かないの?」

敷地内を案内してくれた五～六人の生徒に問うと、その中の一人が答える。

Jarowari School 内の教室で生徒たちを

「ほとんど行かない」

まだ十二、三歳の子だった為に、出て行く金もないだろう。また行った処で何をすることもできないだろうから、ここに居て、友達との時間を過ごした方がいいのは当然だろう。

自習している生徒の居る教室に行く。六〜七人の生徒たちは数学をやっている。xとyを使った簡単な式をやっている。代数ではあっても、中身は単純な足し算、引き算で、頭を悩ます問題ではないと思うのだが、xとかyが入ると、簡単ではなくなってしまうようだ。

少しそれを解きながらそこに居ると、異邦人のこちらの出現を聞きつけた十数人の生徒が新たに教室に入って来て、より騒がしくなる。そしてこちらを〝日本人〟と知ると、彼等は自分の名前を言って、日本語で書いてくれ、と言う。「マイクス」とか、「ラリキ」とかをカタカナで黒板に書いてあげる。他にも幾人が頼み出したが、この時ちょうど校内アナウンスが流れて来る。どうやら朝礼（中礼）があるらしく、それを聞いた生徒は皆、教室から出だす。こちらにとってはいい塩梅だ。

この時、各教室を見回る教員らしい女の人が二人来る。こちらをちょっと見つめるので、

「見学させてもらっています」

「どちらの国の人ですか？」

「日本人です」

「上のハイスクールには日本人の先生が居ますよ」

現在《いま》も居るとは思わなかったが——ウエワクのラルフの家のノートに、このソゲリの高校に協力隊員として派遣されている人の文章があったが、それは三〜四年前のものだったので——、そう教えられて、広場で中礼する先生や生徒たちを横目にして、校門を出て、そちらへと歩いて行く。勿論進んでその人と会うつもりはない。ただ成り行きとして、そうなったらちょっと話してみようとは思って。

バスで戻った道を今度は歩いて行く。

歩いても十分程で着く。そして敷地内へ入って行く。ここも自由に見学できる。金曜の正午過ぎで、どうやら授業の終わった時刻らしく、学生が敷地内の緑の歩道を幾人も往き来している。

こちらは校門から真っ直ぐ歩いて、突き当たりを右に行って、また右方向に進む。すると偶然、

"Museum"に出る。ちょうど扉を閉める処だったが、男の人は開けてくれる。彼は、「教員だ」と言い、またこの博物館の管理もしていると言う。

一棟のみでの陳列だが、各種の民芸具やマスク（面）、腕輪等がある。写真も壁に貼られ、また生徒がデザインしたという「グリーティング・カード」もある。

入ったついでにそのカードを一枚購入する。入館料代わりのつもりだ。閉めた扉をわざわざ開けさせたという意味もあって。

館内には十三分居て、出る。もうここでの予定もこれで終了とする。早目にポートモレスビーに戻っていたい。四時前には戻らないと商店は閉じてしまうから。

同高校の校門前から午後一時二分、ＰＭＶバスに乗ってソゲリ村をあとにする。

帰路のバスでは少し眠ってしまう。暖かいし、いくらか疲れも出ていて。

旅行の終わり

ＰＭＶの小型バスは四十分で終点のゴードンマーケットに着く。

すぐにはボロコ方面へのバスに乗らず、夕食用にと、そこの店々でトマトとバナナ、それに弁当を購入する。人々でゴッタ返すなか、しかしもうそんな混雑にも〝恐れ〟のようなものはない。

いくらかこの国の雰囲気にも慣れて来たし、それに〝もう僅かしかこの国には居ない〟、という

テレフォンカード４種（左上が２Ｋ，他は１Ｋ）

気持ちが余裕を与えている。

　少しでも安いものをと、ちょっと歩き回ってそれらを購入している。マーケット内の写真も一枚だけ遠慮がちに撮ってもいる。そのことで呼び止められるかも知れぬ、という緊張も確かにあったが、良い具合に何事もなく、バススタンドから四番のそれに乗り込むことができる。

　十三分後、ボロコに着くと宿に直行し、それらゴードンで買った品物を置いて、また外出する。夕食用のもう一つの弁当を買いに。それを求めればもう今日は外出しないつもりだ。

　まず郵便局へ行って、テレフォンカードを訊くが二十Kのしかないというので諦める。ただ近くのスーパーマーケット“STOP《ストップ》SHOP《ショップ》”の横の公衆電話の処にテーブルを出してそれを売る男が居て、見ると額面一Ｋのそれがラバウルのとは違うデザインで二種類ある。それでそれを一枚ずつ計二枚購入する。

次に同スーパーでコーラ等の飲み物を購入し、さらに昨日ヤキソバを買った道路端角のスーパー内のカイバーへ行き、今日はヤキメシを買って（一・七〇Ｋ）宿に戻る。午後三時七分になっている。

シャワーを浴び、それら弁当とトマト、バナナを食べ、遅い昼食とし、そして荷物の整理をする。どうにかスニーカーもリュックに収まる。

あとは明朝、十時頃に空港へ向かえば良い。夕方四時の便には早いが、この町、この宿に居ても仕方ない。待つことには慣れている。特にこの国の空港においては。

シンガポールへの便が定刻より大して遅れないで発つことを願うばかりだ。


翌朝、落ち着かない。ちゃんと飛んでくれるかどうか不安で一杯。不安でいても仕方ないのだが、帰国便は完全設定だから、これを外すとその後どうして良いか分からなくなる。

とにかくシンガポールまで行ってくれれば良い。そこまで行けば、たとえ日本への便が当該機でなくても、他がいくつか飛んでいるだろうから、問題ない筈だ。

昨夜は八時前には眠りに就いたが、あまり眠ることはできない。頻繁に目が醒めた。

一度はまだ夜中の十二時半を過ぎたばかりの頃。『まだ、だいぶある』と思って、シーツを被っている——この宿ではシーツ一枚で毛布はない。なくとも夜中でも全然寒くない。次が二時頃。そして四時過ぎと、やはり明日のことが気になって眠りは浅い。目が醒める度、頭の感じを確かめて、マラリアに罹っていないことを知り——ウエワクでかなり蚊に刺されていたから、もしそれが出るとしたら二週間後の今頃と思っていた——、ホッとする。もし罹っていたら高熱で頭がボーとする筈だから。

四時四十分に再び目醒め、『あと少し』と思い、次が五時半。この町ではまだ暗い。六時になっても暗い。ラバウルでは明るくなっていたが。

そして同十五分になって、急に明るくなって来る。

少しベッドに居て、同四十分に起き上がる。一日の行動を始める。トイレ、シャワー、洗面をし、七時過ぎ、昨夜の食べ残しの弁当を冷蔵庫から出して朝食とする。充分なものだ。

そして最終的な荷物の整理をする。すべてをリュックに詰め込む。何とか入る。

ここでコーラを買って——宿にそれの自販機がある——空港で飲もうとする。それは一昨日ゴードンマーケットで求めたショルダーバッグ（肩下げ袋）に入れて行けばいい。

バナナが三本ばかり残るのでこれも空港に持って行こうと思う。

もうこの町でやることはないので、十時まで居ることなく空港へ行こうと考える。そこで時間を潰すのも、ここで潰すのも同じに思えて。今は無事そのフライトが、運行されることを願うばかりだ。

この旅行も人との出逢いという点に関しては、これまでのそれと同じだった。いい出逢いが沢山あった。その人たちに感謝しなければならない。またいつかどこかで会えれば良いと思う。

歩いて二分のスーパーマーケット「ストップショップ」に行き、六百ml（一・三九K）のペプシコーラを購入して帰宿する。どうにも小銭の九tが残っていて、これを使い切りたくて、それを選ぶ。なるべくコインは残したくない。記念とするそれはすでに取っておいてあるから。たぶん再び訪れることはないだろう、ここのコインを残しても仕方ない。それにこの国のそれは結構な重さがあって、その意味でも使い切りたい。

二・〇九K払って、七十t釣りをもらう。これで小銭は消えた。七十tのうち空港へのバス代で五十tが消えるから、手持ちの一・二五Kと合わせて、一・四五tがコインとして残るだけだ。これは処分できればするが、無理なら持って帰ることになる。それ位はいいと思う。

ドブ・トラベルを八時五十八分に出る。カギは事務所の方に居た白人に渡す。オフィス（営業）そのものは休みだが、その人一人がコンピュータに向かっている。彼は三週間前来た時に、「満員」と言って、泊めてくれなかった白人だが、カギは少し笑顔を作って受け取った。こちらが「サンキュー」と言って渡したこともあったのだろうけれど。

バススタンドには歩いて九分で着く。すでに暑い。リュックを背負ってだから余計そう感じる。しかしいい具合にＰＭＶバス（十番）は待つことなく、すぐにやって来て、乗り込むことができる。土曜だが、朝九時と言えば人々の最も動き出す頃かも知れない。

マダンに行く時は四番に乗ったが、十番は空港へ最短経路を通って走るので八分で着く。と言っても旧空港前辺に着くので下車してから新空港まで十二分歩かねばならないが。これはしかし空港に沿って歩くので何の苦痛もない。擦れ違う人々は居るが、用もなく屯している者は居ないから。

九時三十分に空港建物内に入ると、ニューギニア航空カウンターではチェックインしている。すでに白人が五～六人、二つのカウンターにそれぞれ並んでいる。

七分待ってこちらの番が来る。航空券とパスポートを渡す。そして預ける荷物を訊かれて、

「ありません」

と答えると、少ししてパスポートと共に搭乗券が渡される。座席番号「18H」。

「四時十分前に搭乗が始まります」

定刻の三十分前だ。とにかく搭乗券を貰って、そのフライトに乗れそうだ。一つの関門をクリアする。

二階に上がって、イミグレーションに入る前にある売店を見る。買うつもりはなかったが、五Kで腕輪やキーホルダーがあるので、それを求める。姪たちへのプレゼントにしようと思う。

それから編んだショルダーバッグも、二十K、である。日本に帰って果たして使うかどうかは判らないけれど――千円以上のものだから、決して安くはないけれど――ちょっと気に入る。こ

の店はまだイミグレーションを越えていないので免税ではなく、一〇パーセントの税も付くが。迷ったが、それを購入する。イミグレーションを通った先に同じものを売る店があるか判らなかったし、トータルでも五十Kの五Kプラスなので、余っている六十Kで間に合うことも考えて。

イミグレーションは十時三十七分に越える。やはりケアンズに行く人達ばかりだ。

そして、X線に荷物を通す。荷物は問題ないが、こちらが通るとブザーが鳴る。ポケットにある小銭のコインが反応したのだ。それを出して、係官に示して通過する。

出発ロビーは、出たそこにある。椅子を沢山並べた二十五m×三十m程の広さがある。免税店もあるが、先程買った腕輪などはない。洋酒と煙草がメインだ。煙草が十箱入り（一カートン）で十二Kと日本円にすると六百円程。一箱が六十円とひどく安い。オーストラリア人が五カートン、六カートンと買って行く。彼等にとっても甚だ安い価格なのだろう。私も、もし喫煙していればそれ位は購入していたかも知れない。

手持ちは六・四五Kとなる。五Kは紙幣なので、一・四五Kを使い切りたいと思う。

免税店の隣にあるコーラやサンドイッチやソーセージドッグを売る店は、ケアンズの便が出ると閉じられる。こちらはその値を聞きそびれる。

そしてロビーにはこちら一人だけとなる。いや免税店も閉じたが、その店内にそのオーナーらしき男が居るが。

パプア・ニューギニアの紙幣（上から，2 K，5 K，10K，50K）と，コイン（上から，1，2，5，10，20，50，50t と 1K）

パプア・ニューギニア発

十二時五分過ぎに、様子見に売店の男が戻って来る。店を開けるのかと思うが、店内を見てすぐに出て行こうとする。それを見て、ものは試しと話し掛ける。

「そこにあるパンはいくら？」

「一・八〇Ｋ」

「一・四五Ｋにならない？」

「ダメだ」

しかしそうは言ったが、男はそのまま行き過ぎようとはしない。

「この国の金が一・四五Ｋだけ残っているので、それを使い切りたいのだが……」

「シンガポールへ行く便の客か？」

「ええ」

彼はこちらの気持ちを理解したようで、店内へ入る為に裏へ回って行く。

「一・四五Ｋでいいの？」

「ああ」

店のカウンターの鉄格子は閉じたままだが、その隙き間からソーセージを挟んだパンを出してくれる。格子越しに受け取り、一・四五Kを支払う。

「サンキュー」

「サンキュー」

お互い、言い合う。

「あ、それと少し塩をくれますか?」

「塩?　ああいいよ」

ビニール袋にそれを入れてくれる。そしてそれも格子越しにくれる。

彼は店を出ると、ロビーをこの部屋への入口にあるX線検査処の方へ（店と対角線方向へ）と歩み去って行く。

これは彼が現地人だったから可能なことだった。これが相手が白人だったなら、百パーセント近くこのような便宜は図ってくれない。それこそミッショナリーホームの夫人のように、冷たく、

「NO!」

と言い放たれて、おしまいだ。そういうことを考えると、日本人にはやはり白人よりもこの国の人達、肌の色の濃い人達が近いように思う——日本人は白人よりも、その「情」ということに関しては、この国の人達に近いと思う。

「日本人は」?、いや、「私は」と言った方がいいだろう。私は簡単に「NO」と言い放てる人間ではないと思いたいから、いや、そう思っているが。

午後二時十五分を回ったが、私以外にはまだ搭乗客の姿はない。果たしてその便は運行されるのか、少し心配になって来る。あと二時間だが……。

免税店のオーナーと売店の男が二時を少し過ぎた頃、こちらの坐る、端の椅子近くに来て、横になる。静かで適当に涼しく、寝るのにはちょうど良いと思う。但し、いくらか蚊がいて、それを追うのに気を取られるが。

客が誰も居ないというのは不安になるものだが、二時五十分にやっと現われ出す。たぶん一階のチェックイン・カウンターが開いて、その手続きが行なわれ出したのだろう。

現地人、白人に混じって東洋人の顔も見られる。ケアンズ行きの時の顔ぶれ——あの時は、ほぼすべてが白人だった——と大きく違う。その比率はちょうど三分の一ずつといったところか。ざっと目算したところ五十人が来ている。

三時五十分から搭乗が始まると言っていたが、ほぼその通り、同五十三分にアナウンスがあり、それが開始される。

私も席を立って、搭乗して行く。この国でも国際線の時は時刻通りに運ぶようだ。その気になれば出来るのに、国内線の時はどうしてあんなにいい加減なのか。

機は、"Air Bus 300-310"とあり、たぶん三百人位乗り込めるのだろう。こちらの席は18のHで、いくらか後方、右の主翼辺りだ。

幸い、二人掛け席の隣には誰も来ない。カップル以外は大体一人で掛けている。定員の五分の一程の搭乗率だから、それも可能だ。

午後四時六分、カップ入りのジュースが配られ、続いてイヤホーンも配られる。そして同二十一分、動き出す。定刻が同二十分だから、やはり定刻通りということだ。大したものだ。

離陸は同三十三分。

水平飛行に入って暫くした五時二十分、飲み物が配られる。三週間ぶりのビール。いやアルコールそのものを、パプア・ニューギニアに居る間飲んでいない。だからあるいは身体（胃）も驚いているかも知れない。

パプア・ニューギニア産の缶ビールがあるのでそれを貰う。"South Pacific（以下、S.P）"という銘柄だ。ちょっと日本のそれより飲みあとに苦みが残るように感じられる。他はオーストラリア産のものがある。それもS.Pのあとに頂く。

五時五十五分、食事が配られる。空腹だったので、すべて頂く。メインはビーフにうどんを添えたもの。うどんというより「ひもかわ」といった方が当たっている。それにサラダと丸パンとケーキ、チーズ。飲み物はコーヒー。そしてここでは赤ワインを頂く。ちょっと飲み過ぎかも知れない。

三十分で終え、それが片付けられると眠る。機内では映画が上映されているが、見る気はなく、眠る。やっとパプアを離れて、ホッとし、疲れが出たようだ。持参した文庫本『ニューギニア高地人』の再読もちょうど終えたところだし。

パプア・ニューギニア時刻十時頃に、映画の為、閉じさせられていた窓を「開けるように」、スチュワードから言われ、開ける。そして機内の照明も点く。

同十五分頃からシンガポールの街の灯りが眼下に見え出す。

同二十二分、確実な着陸をする。当地時刻は二時間戻した午後八時二十二分。日本への便のフライト予定時刻より二時間二十分以上、間があり気持ちが落ち着く。

停止は同三十三分。ポートモレスビーと比べると余りに広い。いや成田と比べても広いだろう。

降機は同三十七分。ここは搭乗ゲート「D」辺りで、トランスファー・カウンターへ向かう。

同カウンターはその「D」にもあったようだが、「C」まで歩き進んでしまう。そして同四十五分から八分かかってそれを済ます。銀行のように入口で、順番を示す数字の書かれた紙片を貰い、その数字が掲示板に点灯されたら、そのカウンターへ行くというやり方を取り入れている。

ここまでの「D」から「C」への間に多くの店々があって、パプア・ニューギニアとは全然違う。そこを歩く者の顔貌も様々だ。このシンガポールという国をよく現わしている。白人、中国人、インド人、アラブ人等々。

トイレに入って少し休む。ここはゆっくり落ち着ける場所だ。

Ｃ―20のロビーには九時三十五分に入る。入口で荷物をＸ線に通す。何も問題ない。あとは十時十五分予定の搭乗を待つばかりだ。

近くの席から聞こえてくるのは日本語だけとなっている。もうこちらも気持ちを日本に切り変えなければならない。

明後日からまた仕事が始まる。

仕事以外でもやらねばならぬことが、この三週間の空白分、溜まっている。パプア・ニューギニアとまた違った〝大変〟な時間が待っている。パプア・ニューギニアとまた全く違った疲れのあるそんな時間が……。

シンガポールを十一時十八分離陸する。ＪＡＬ７１０便、ボーイング７４７型のジャンボ機だ。満席に近い客の九割は日本人だ。どこの国からの便でも日本行きであれば、そのほとんどは日本人客だ。すでに機内から日本が始まっている。

今日の座席は63のＪ。つまり二階席である。パプア・ニューギニアの影はもはやどこにもない。

一九九九年の夏の旅行が終わる。

了

あとがき

この島への旅行計画は十年近く前からありました。実際、英語のガイドブック（Lonely Planet社刊）――当時まだ日本語のそれはなかった――も購入して、その機会を探っていたのですが、後回しになっていました。

ところが昨年（一九九九年）航空会社に問い合わせると、直行便ではないが、乗り継ぎで大して無駄の出ないフライトがあると知らされ、訪れることを決めました。往路復路《ゆきかえり》の「便指定」なら、比較的安価で航空券が入手できるとのことも訪問を後押ししました。

ニューギニア島は第二次大戦における最激戦地の一つで、「ラバウル」という地名は昭和三十年代初頭に子供時代を過ごした私にも、耳に刻み込まれた異国地名の一つでした。当時の日本人が（歌にもある）「南洋の島」と言う時、この島も間違いなく含まれていました。いやこの島こそ、そうだったのかも知れません。

戦後生まれですが、個人的に戦争を引き摺る私にとって、そこは是非とも一度は訪れなければならない処でした。

今、その島の東半分を三週間程循《めぐ》って、勿論、訪問前と後とでは思いは違います。その土地に立ってみて、その内を移動してみて、その気候を感じてみて、その人々と触れ合ってみて、当時の日本人に強いられた苛酷さを僅かながらですが、理解することができました。

ウエワクでのブッシュトレイルがそうであり、マダン近郊、アレクシスハーフェンの飛行場跡の情景がそうであり、ラバウル、タブイ岬での洞穴がそうでした。

このようなかつての戦跡地を訪れる度に思います。結局は無駄な死（――勿論、そうではない、という意見もあることは承知していますが、敢えてそう言わせてもらいます）がいくつも重ねられていたのだと。

そして二十一世紀を迎えようとする現代にあっても同様な、〝悲惨〟〝悲劇〟が繰り返されているのです。たぶん、人が生きている限り続くものだ、と悲観視する者ですが、そうならないことを祈ることも続けたいと思っています。

この旅行を終えたあと、ウエワクのラルフ氏から託された日本兵の遺品の調査をする過程で、「ニューギニア方面遺族会」の田所良信様とご連絡する機会を得ました。一面識もない小生に対して、この上もなく好意的に対応して下さいました。とても丁寧なお便りを、何度となく頂きました。

また同遺族会発行の『つわもの之碑』を、そして『パプアニューギニア』という麗美な写真集も送付して頂きました。旅行後でしたが、改めてよりニューギニアのことを、その戦時中の状況を詳しく知ることができました。

同地に対する思い入れも全く違う見ず知らずの小生に対して、そのような貴重な書物、写真集をお送り下さったことに謝意を表します。

改めてこのような処でですが、厚くお礼申し上げたいと思います。ありがとうございました。同遺族会の御発展をお祈り致しております。

尚、本文中ウエワクの処（142頁）と、レイの処（198頁）でダブって出て来た"Remembrance Day"の真相を確かめるべく、帰国後、在日パプア・ニューギニア大使館に問い合わせたところ、その記念日は七月二十三日――年によって、二十四日――に行われているとの返事を頂きました。あの日のラルフ氏の言は、勘違いだったのかも知れません。

今回も学文社の三原さんに大変お世話になりました。毎年一度、拙文にお付き合いして下さっています。そしていつも多くの御好意を寄せて頂いております。深くお礼申し上げます。

二〇〇〇年九月

著者

鈴木　正行
1949年，東京生。

パプア・ニューギニア小紀行
――20日，6都市移動行――

2001年8月10日　第一版第一刷発行

著　者　鈴木　正行

発行者　田　中　千津子
発行所　株式会社　学　文　社
〒153-0064　東京都目黒区下目黒3-6-1
電　話　03 (3715) 1501(代)
FAX　03 (3715) 2012
振　替　00130-9-98842
http://www.gakubunsha.com

印刷所　メディカ・ピーシー

ISBN 4-7620-1063-4

鈴木 正行

あふりか浮浪

アフリカ乞食行〔全6巻〕

各巻　四六判並製カバー　本体各850円

第Ⅰ巻
エジプト、スーダン、ケニア、ウガンダ、ルワンダ、ブルンディ、タンザニア（一九八一年三月～同年十月）

第Ⅱ巻
ザンビア、マラウィ、ジンバブエ、ボツワナ、南西アフリカ（ナミビア）、南アフリカ共和国（一九八一年十月～八二年二月）

第Ⅲ巻
ボツワナ、ジンバブエ、モザンビーク、マラウィ、ザンビア、ザイール（一九八二年二月～同年六月）

第Ⅳ巻
ザイール、中央アフリカ、カメルーン、チャド、コンゴ（一九八二年六月～同年九月）

第Ⅴ巻
コンゴ、ガボン、赤道ギニア、カメルーン、ナイジェリア、ベニン、トーゴ、ガーナ、コート・ジボアール、リベリア、シエラ・レオン、ギニア、ギニア・ビサウ（一九八二年九月～同年十一月）

第Ⅵ巻
セネガル、ガンビア、モーリタニア、マリ、オート・ボルタ、ニジェール、アルジェリア（一九八二年十一月～八三年三月）

ヨルダン、イスラエル、そしてシナイ

12年目の入国

鈴木　正行

タイ・エジプト・ヨルダン・イスラエル・エジプト（二回目）・タイ（二回目）

四六判並製カバー　本体一二〇〇円

キューバ六日、そしてメヒコ、ジャマイカ

二つの豊かさ

鈴木　正行

メキシコ・キューバ・ジャマイカ・キューバ（二回目）・メキシコ（二回目）・アメリカ

四六判並製カバー　本体一三〇〇円